U0540340

Hello DeepSeek
你好，AI

给孩子的高效学习法

憨爸　胡斌——著

青岛出版集团 | 青岛出版社

图书在版编目（CIP）数据

你好，AI：给孩子的高效学习法 / 憨爸, 胡斌著. -- 青岛：青岛出版社, 2025. -- ISBN 978-7-5736-3314-9

Ⅰ. G442-49

中国国家版本馆CIP数据核字第2025FB5865号

NIHAO, AI: GEI HAIZI DE GAOXIAO XUEXI FA

书　　名	你好，AI：给孩子的高效学习法
著　　者	憨　爸　胡　斌
出版发行	青岛出版社
社　　址	青岛市崂山区海尔路182号（266061）
本社网址	http://www.qdpub.com
邮购电话	0532-68068091
策　　划	周鸿媛　李园方
责任编辑	陈　宁　杜少龙　聂　昕　李佳琪
封面设计	象上品牌设计
照　　排	青岛乐喜力科技发展有限公司
印　　刷	青岛嘉宝印刷包装有限公司
出版日期	2025年4月第1版　2025年4月第4次印刷
开　　本	16开（710毫米×1000毫米）
印　　张	12
字　　数	150千
书　　号	ISBN 978-7-5736-3314-9
定　　价	58.00元

编校印装质量、盗版监督服务电话　4006532017　0532-68068050

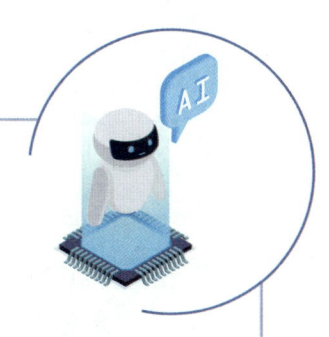

AI，开启未来的钥匙

在这个充满科技奇迹的时代，人工智能早已不是科幻电影中的遥远想象，而是已经悄然融入我们日常生活。作为两个孩子的爸爸，我时常在想这样一个问题：当 AI 开始像阳光、空气一样围绕在我们身边时，我们该为孩子准备怎样的未来教育？

在陪伴孩子使用 DeepSeek 的过程中，我发现这个智能助手不仅能快速解答数学题、批改作文，更能化身成语接龙的玩伴、科学实验的设计师、历史典故的讲解员……它就像一扇连接神秘世界的门，帮孩子从传统教育中单向的知识传递走向充满探索乐趣的双向互动。这让我萌生了系统整理这些经验和方法的想法——不是要制造"AI 焦虑"，而是希望帮助更多孩子发现，当人类智慧与人工智能相遇时，可以碰撞出怎样的思维火花。

这是一本专为孩子编写的零基础 AI 启蒙和实操书，它能帮助孩子从对 AI 的好奇探索，转向灵活使用 AI 工具高效学习。

全书实操部分分为三个板块：

"**智慧对话篇**"介绍了从角色扮演法到编程思维法，从 5W2H 学习法到苏格拉底提问法等 10 多种高效学习法，我们将共同掌握与 AI 沟通的"通关秘籍"。

这些沟通技巧不仅是与 AI 对话的"钥匙"，更是培养强大逻辑思维和精准表达能力的工具。当孩子学会用层层递进的方式追问"为什么"，用苏格拉底式的对话梳理解题思路时，这种结构化思考的能力将让孩子受益一生。

"==学科探索篇=="覆盖语文、数学、英语、历史等主要学科，书中整理和设计了用成语接龙游戏积累传统文化素养，通过函数图像可视化理解抽象数学概念，用 DeepSeek 生成的代码来自创背单词的小软件……这些实用的案例不仅可操作性极强，即学即用，更能培养孩子与 AI 共舞、用 AI 创造未来的生存力和竞争力。

"==未来实验室=="打破学科界限，带孩子用 AI 工具制作成长时间轴、创建个人主页……当孩子学会用 AI 创建的流程图梳理思路，用思维导图构建知识网络时，他们就在不知不觉中掌握了终身受益的学习方法。

在高效运用 AI 的同时，我一直有个观点：既要善用工具提升学习效率，也要保持独立清醒的思考。当孩子在有 AI 陪伴和帮助下学习和生活时，我们还应该引导孩子思考：AI 的答案是否完全可靠？如何在海量信息中筛选真知？

这本书不是一本 AI 速成秘籍，而是一把开启新型学习模式的"钥匙"。当我们教会孩子与 AI 协作而非对抗，培养他们提问的勇气、探索的热情和创造的自信，他们收获的将不仅是学科知识的增长，更是驾驭未来的核心能力。

憨爸

2025 年 4 月

目录

- AI，开启未来的钥匙　　/ 1

序幕　AI 发展简史

- AI 发展简史　　/ 2
- DeepSeek 新手上路　　/ 12

第一章　智慧对话篇

- 角色扮演法　　/ 20
- 受众预设法　　/ 24
- 风格预设法　　/ 27
- 模仿学习法　　/ 30
- 格式控制法　　/ 33
- 层层递进法　　/ 40
- 编程思维法　　/ 45
- 5W2H 学习法　　/ 52
- 苏格拉底提问法　　/ 55
- 艾宾浩斯记忆法　　/ 60
- 记忆宫殿法　　/ 64

第二章 学科探索篇

📍 品味语文

- 字词学习 / 68
- 成语积累与学习 / 71
- 阅读理解训练 / 74
- 作文优化与提升 / 77
- 自主创作故事 / 81

📍 数学建模

- 口算练习 / 86
- 错题归纳 / 91
- 巧解应用题 / 96
- 函数可视化 / 101

📍 高效英语

- 高效记单词 / 104
- 制作主题单词闪卡 / 107
- 单词消消乐 / 112
- 英语阅读理解 / 117

探索历史

- 历史上的今天 / 123
- 历史事件时间表 / 125

第三章 未来实验室

- 制作个人主页 / 132
- 图表生成 / 142
- 制作思维导图 / 148
- 快速制作炫酷海报 / 153
- 快速制作 PPT / 157
- 制作流程图 / 162
- 自制实用小工具 / 167
- AI 幻觉 / 173

附录

- DeepSeek+ 最强搭档 / 179

你好，AI

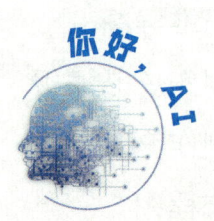

序幕

AI 发展简史

AI 看似神奇，但它其实是通过大量的数据和算法，模仿人类的思维和决策过程。让我们揭开 AI 的神秘面纱，去探索更多人工智能的秘密吧。

AI 生成图：你好，AI

AI 发展简史

同学们，你们一定知道，人类社会之所以能够进步，就在于在社会发展的漫长历程中，人类对于知识的追求从未停歇。从古代哲学家对逻辑和推理的探索，到二十世纪计算机科学的诞生，再到二十一世纪大模型语言的爆炸式发展，我们见证了人工智能从概念的萌芽到技术的蓬勃发展这一伟大进程。

人工智能的英文是 Artificial Intelligence，也就是我们平常所说的 AI。人工智能作为计算机科学的一个分支，它的核心目标是模拟人类思维，赋予机器学习、推理乃至创造的能力。俗话说，知己知彼，百战不殆，作为二十一世纪的青少年，我们需要也应该了解人工智能的发展历程，以便更好地学习它、掌握它。

整个人工智能的发展历程大致可以分为以下六个阶段：

- 第一阶段：人工智能诞生

- 第二阶段：黄金发展时代

- 第三阶段：第一次寒冬

- 第四阶段：人工智能复兴

- 第五阶段：第二次寒冬

- 第六阶段：人工智能崛起

1 人工智能诞生

人工智能到底是什么时候开始出现的呢？早在二十世纪四十年代，科学家们就已经在考虑如何用计算机来模拟人脑了，这就是机器智能的起源。

1950年，被称为"人工智能之父"的艾伦·图灵发表了《计算机器与智能》的文章，提出了著名的"图灵测试"，标志着人工智能概念的初步形成。什么是"图灵测试"呢？它是这样定义的：如果一台机器能够与人类展开对话（通过电传设备）而不能被辨别出其机器身份，那么称这台机器具有智能。这意味着，如果跟你一起玩游戏的电脑操作很熟练，熟练到你以为它是一个真人，那说明它具有智能。

人工智能之父——艾伦·图灵

之后的几年，科学家们进行了一系列的努力与尝试，比如第一台神经网络机、第一个可编程机器人的诞生。接下来，到了令人欢欣鼓舞的时候，1956年，在美国的达特茅斯学院，一群科学家聚集在一起，讨论关于设计智能机器的可能性。在这个被称为"达特茅斯会议"的研讨会上，"人工智能"这个术语被首次提出，标志着人工智能正式诞生。

"达特茅斯会议"资料图

2 黄金发展时代

二十世纪五六十年代，是人工智能的黄金发展时期。在这个时期，科学家们发明了早期的神经网络—感知器模型，这是现代神经网络模型的基础。那什么是感知器模型呢？为了便于理解，我们打个比方，假设你考虑是否去餐厅吃饭，主要考虑两个因素：

（1）钱包里的钱是否足够？（足够，数值为1/ 不够，数值为0）

（2）时间是否充裕？（充裕，数值为1/ 不充裕，数值为0）

这两个因素之中，钱够不够更为重要，意味着钱的权重高一些，我们将它设为3，时间因素的权重设为2。我们可以分情况讨论：

（1）如果钱足够（1）且时间充裕（1），加权和为 $1×3+1×2=5$。

（2）如果钱不够（0）且时间不充裕（0），加权和为 $0×3+0×2=0$。

（3）如果钱足够（1）但时间不充裕（0），加权和为 $1×3+0×2=3$。

（4）如果钱不够（0）但时间充裕（1），加权和为 $0×3+1×2=2$。

现在，到了做决策的时候，我们的规则是加权和大于2.5，就去餐厅；否则不去。因此：

加权和为5（钱足够且时间充裕）时，去餐厅。

加权和为0（钱不够且时间不充裕）时，不去餐厅。

加权和为3（钱足够但时间不充裕）时，去餐厅。

加权和为2（钱不足但时间充裕）时，不去餐厅。

这就是一个简单的感知器模型原理，它可以不断调整自身的参数以提高准确率，在处理线性可分的分类问题上表现出良好的学习能力。

1957年，首个自学习程序——跳棋程序被开发出来，并引入了"机器学习"的概念。1966年美国麻省理工学院（MIT）的维森鲍姆发布了世界上第一个聊天机器人ELIZA。ELIZA的智能之处在于它能通过脚本理解简单的自然语言，并能产生类似人类的互动。

世界上第一个聊天机器人 ELIZA

3 第一次寒冬

然而，好景不长，二十世纪七十年代，人工智能遭遇了瓶颈。当时的计算机有限的内存和处理速度不足以解决任何实际的人工智能问题。

4 人工智能复兴

人工智能的第一次寒冬，让研究者们的研究热点转向了专家系统。什么是专家系统呢？这是一种模仿人类专家决策能力的计算机系统，它依据一组从专门知识中推演出的逻辑规则来回答特定领域中的问题。比如说一个人头疼、发热、咳嗽，就能推断出他得了流感；一个人肚子疼、恶心、呕吐，则能得到胃炎的结论。虽然这个比喻不是很贴切，但在医疗、金融等行业，专家系统逐渐被应用于实际工作中，给当时的人工智能研究带来了些许希望。

5 第二次寒冬

专家系统带来的繁荣犹如昙花一现，事实证明，专家系统并非"天选之子"，在它快速发展的过程中，它的缺点也逐渐显露出来，比如知识采集和获取的难度很大，系统建立和维护费用高，仅限应用于某些特定场景，不具备通用性等。这使得专家系统的商业化面临重重困境，引发了人工智能的第二次寒冬。

但这次的寒冬如同是开春前的蛰伏，黎明前的黑暗。在"黑暗"之中，人工智能研究方向发生了重大转折。在这里，我们先要提及人工智能研究中的三大学派：符号主义、联结主义和行为主义。

● 符号主义

符号主义又叫作逻辑主义，主张智能可以通过符号来实现，强调使用逻辑、规则和符号来模拟人类思维过程。什么意思呢？比方说我们要推断是否下雨，我们可以写下一个公式：A+B=C，A代表阴天，B代表湿度大于70%，C代表将要下雨。A和B同时满足，就能得到C。可以看出，专家系统就是符号主义的典型代表。

● 联结主义

联结主义主张智能可以通过模拟大脑神经元网络来实现，强调使用神经网络和学习算法来处理信息，包括感知器、人工神经网络、深度学习等技术。

在这本书中，我们多次提到了神经网络，让我们一起先来了解一下什么是神经网络。

我们的大脑能够高效地工作，要归功于大脑中上千亿个神经元，它们的样子长得像一个个流星锤。每个神经元和其他的神经元互相连接，组成一张巨大的"蜘蛛网"。每个神经元就是网上的一只小蜘蛛。当你触碰网的某一点时，震动会传递到整个网络，"小蜘蛛"们会根据震动的强度做出反应。当我们的大脑在处理信息时，例如看到一只猫时，眼睛接收到的信息会通过神经元传递到大脑的不同区域，经过层层处理，最终得到这是一只猫的结论。

人工智能的神经网络就模拟了这种工作机制。给人工智能一只猫的数据，它进入到网络后，经过多个"层"的处理，每层都会提取不同的特征（如边缘、形状等），最终输出结论。在这个过程中，神经网络会通过不断的学习和权重的调整（你可以理解为一些路更宽，更好通过；一些路交通管制很难通行），让结果越来越准确。值得注意的是，神经网络的输出结果并非简单的是或否，而是不同结果的概率。

● 行为主义

行为主义主张智能行为可以通过与环境的交互来学习，强调通过试错和自然选择来优化行为，包含控制论、遗传算法、强化学习等技术。这就好比你正在进行电竞排位赛，系统会根据你的胜负情况来给你调整不同的对手和战术。行为主义在后来的机器人学、自动控制、游戏 AI、自动驾驶汽车等领域有着重要应用。

在人工智能的第二次寒冬期间，机器学习和神经网络（联结主义）加速崛起，逐渐取代专家系统（符号主义），人工智能原本由知识驱动的方式，逐渐变成了由数据驱动的方式。

但我们要知道的是，这些不同的流派并不能说谁一定比谁强，只能说它们适合不同的场景，在后期的发展中，很多产品和技术是它们的结合。

6 人工智能崛起

接下来，人工智能真正的春天到来了。

1997 年，IBM 公司（国际商业机器公司）的电脑"深蓝"战胜国际象棋世界冠军卡斯帕罗夫，成了首个在标准比赛时限内击败国际象棋世界冠军的电脑系统。

AI 生成图：人机大战

随着互联网的普及和大数据的兴起，人工智能迎来了新的机遇。计算机处理能力的提升和海量数据的获取使得人工智能进入了一个全新的发展阶段，各种更为复杂的神经网络模型和方法被提出；深度学习领域的突破，让人工智能技术逐渐走向实际应用。

深度学习是机器学习的一个重要的分支，可以说是加强版的"神经网络"学习。深度学习自动从海量的数据中集中提取特征，不需要人工干预，这意味着它可以"自学"。

这其中最为出名的是一只会"自学"的"狗"——"阿尔法狗"。它并不是真的狗，而是一个由Google（谷歌公司）旗下的DeepMind公司开发的人工智能围棋程序，叫作AlphaGo。2016年，AlphaGo对战围棋世界冠军职业九段选手李世石，并以4∶1的总比分获胜，震惊了全世界，要知道，围棋可比国际象棋复杂多了。AlphaGo最厉害的地方在于它具有很强的自我学习能力，能够搜集大量围棋对弈数据和名人棋谱，学习并模仿人类下棋。

此外，还记得之前提到的"图灵测试"吗？2014年，在英国皇家学会举行的"2014图灵测试"大会上，聊天程序"尤金·古斯特曼"（Eugene Goostman）首次通过了图灵测试，预示着人工智能进入全新时代。

再往后，基于Google提出的Transformer模型的各种大语言模型开始爆发。大语言模型就像一个"超级语言助手"，通过阅读海量文本，比如书籍、文章、网页等，来学习人类语言的规律。你可以把它想象成一个超级学霸，它不仅能记住大量的词汇和句子，还能理解它们之间的关系，并通过不断调整内部参数，让自己预测的句子越来越接近真实的语言，从而实现与我们聊天、回答问题、生成文本等功能。

2022 年，ChatGPT（聊天机器人模型）首次亮相，各种 AI 模型也如雨后春笋般层出不穷。由大语言模型拓展出来的各种功能，让我们的工作和生活越来越便利。可以说，ChatGPT、DeepSeek 等大模型技术正在引领 AI 发展的新时代，成为不可或缺的行业推动力。

AI 生成图：与未来对话

AI DeepSeek 新手上路

2025年春节前后，中国有家很牛的人工智能企业——杭州深度求索人工智能基础技术研究有限公司（DeepSeek），他们的开源模型 DeepSeek-R1 在全球掀起一场"惊叹风暴"。

2025年1月20日，DeepSeek 正式发布 DeepSeek-R1。仅仅一周后，DeepSeek 便登顶中美两国苹果手机应用商店免费榜榜首，不久又在约140个国家的手机应用下载排行榜上占据榜首，在东西方市场同时实现了现象级爆发。

DeepSeek 为什么这么厉害呢？因为它成本很低，远低于行业平均成本，它的运算能耗也非常低，而模型推理能力却极大提升……DeepSeek 展现出的"高性价比"，破解了全球人工智能产业近年来依靠"堆算力""大力出奇迹"的路径依赖。

DeepSeek 的崛起，也给世界带来越来越多的惊喜。它的开源共享推动了人工智能技术在全球的普遍应用。

同学们，DeepSeek 到底是什么呢？它会给我们的生活和学习带来哪些影响和变化呢？在这本书中，我们就要揭开 DeepSeek 的神秘面纱，一起去探索更多人工智能的应用和场景，让我们一起大声说："你好，未来！你好，AI！"

序 幕　AI 发展简史

1　什么是 DeepSeek

　　DeepSeek（深度求索）是一家专注于人工智能基础技术研究的中国公司，成立于 2023 年，其核心目标是推动通用人工智能的发展，致力于探索实现人类级智能的路径。我们普通人日常所使用或者接触到的是 DeepSeek 提供的基于大语言模型的对话页面或 App（手机应用软件），可以用来回答问题、进行复杂的对话、逻辑推理等。

2　DeepSeek 新手上路

　　DeepSeek 主要有两种使用方式，分别是网页模式和 App 模式。网页模式和 App 模式的使用方法类似，主要区别在于一种在浏览器中使用，一种是安装 App 后使用。

　　第 1 步　打开浏览器，输入网址 https://www.deepseek.com，就可以打开 DeepSeek 的官方页面。单击 [开始对话]，打开对话页面。

13

现在你看的就是 DeepSeek 的对话页面。对话页面主要分成两部分，右侧主体部分是对话界面，可以在输入框中直接给 DeepSeek 发送消息。

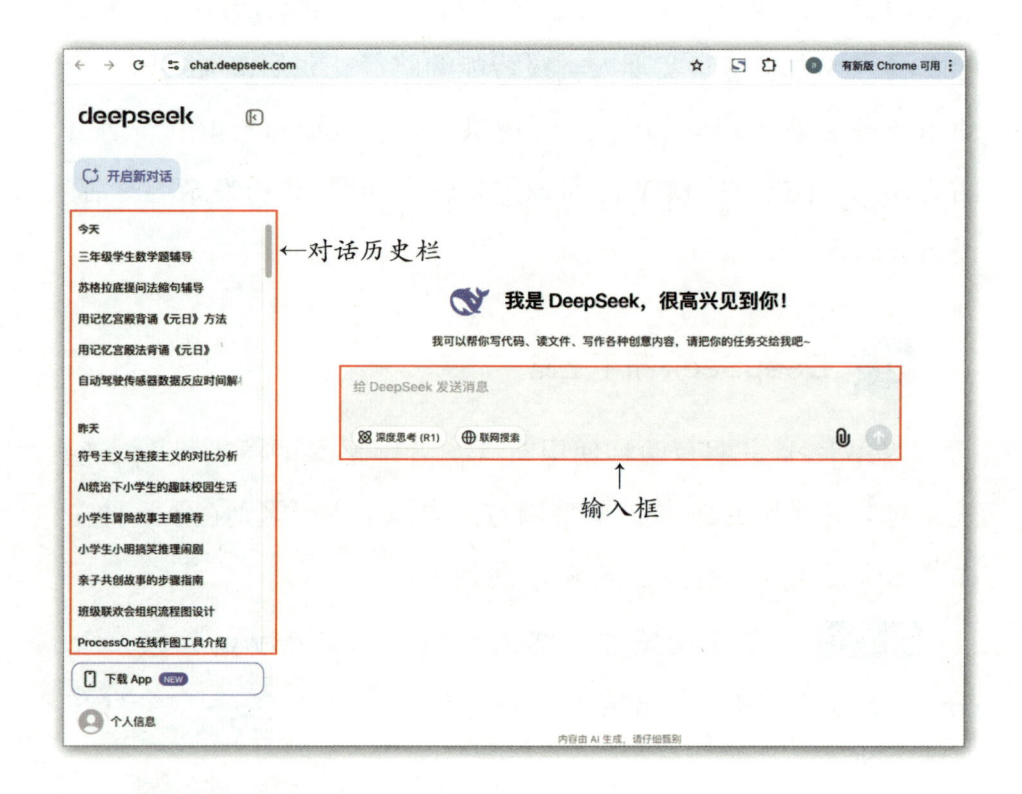

←对话历史栏

↑
输入框

第 2 步　在输入框中输入指令：

请用简洁的语言介绍一下你自己。

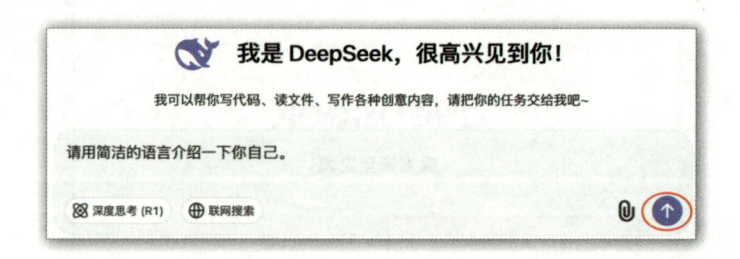

序幕 AI 发展简史

第 3 步　单击输入框右下方的 ↑ 按钮，就可以把指令发送给 DeepSeek，让它来执行。DeepSeek 会用对话的方式给出回答，并且在界面下方保留了输入框，我们可以继续向它提出问题。

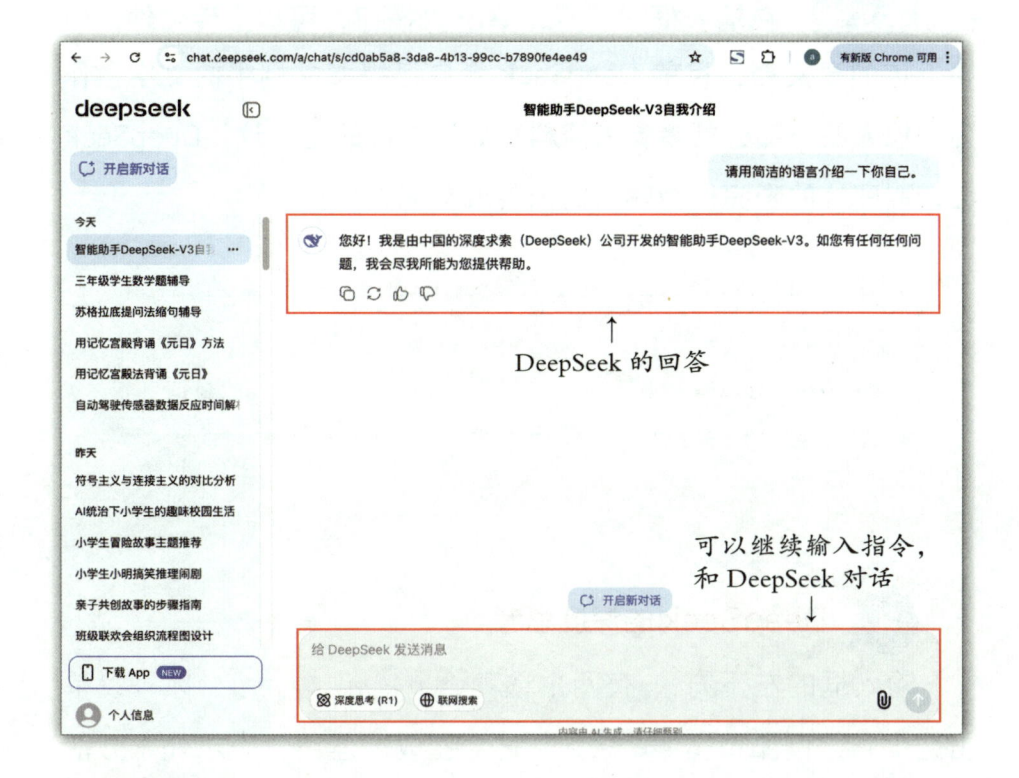

DeepSeek 的回答

可以继续输入指令，和 DeepSeek 对话

第 4 步　单击回答内容下方的 ⧉ 按钮，可以复制 DeepSeek 给出的内容；如果你对生成的内容不满意，可以单击 ⟳ 按钮让 DeepSeek 重新生成；你还可以单击 👍 或者 👎 按钮，来表达对本次回答的喜欢或者不喜欢。

15

让人惊喜的是，即使给 DeepSeek 发送完全相同的指令，DeepSeek 每一次给出的回答也不尽相同，这正是大语言模型的灵活之处。

第5步　在输入框的下方，单击 📎 按钮，可以上传附件，如果上传的是文档，目前 DeepSeek 会自己提取文档中的文字，作为你输入的一部分或者参考资料；如果上传的是图片，DeepSeek 会读取图片的画面作为输入的内容或参考资料。

　　　　　　　　　　　　　　　　　　　　↑
　　　　　　　　　　　　　　　　　　　上传附件

3　DeepSeek 的深度思考

输入框的左下方，有两个选项 深度思考(R1) 联网搜索，你可以单击选中它，例如单击 深度思考(R1)，它会变成淡蓝色，表示处于激活状态，再次单击，则会变成灰色回到未激活状态。

深度思考(R1) 处于激活状态时，意味着 DeepSeek 将开启"学霸"模式，使用更厉害的模型，更好地思考和推理，得到更精准的答案，但这也意味着 DeepSeek 将消耗更多的"脑细胞"，处理和回应时间会相对较慢。

当 联网搜索 处于激活状态时，则表示 DeepSeek 会在需要的时候去互联网上进行内容的检索和加工，有助于查询一些实时的、在线的信息。

序幕　AI 发展简史

4　保存历史对话和开启新对话

页面的左侧是所有你与 DeepSeek 对话的记录，叫作"对话历史栏"。当我们开始和 DeepSeek 进行一段对话时，会发现左侧的对话历史栏中多出一条记录，并会根据对话的内容自动命名。

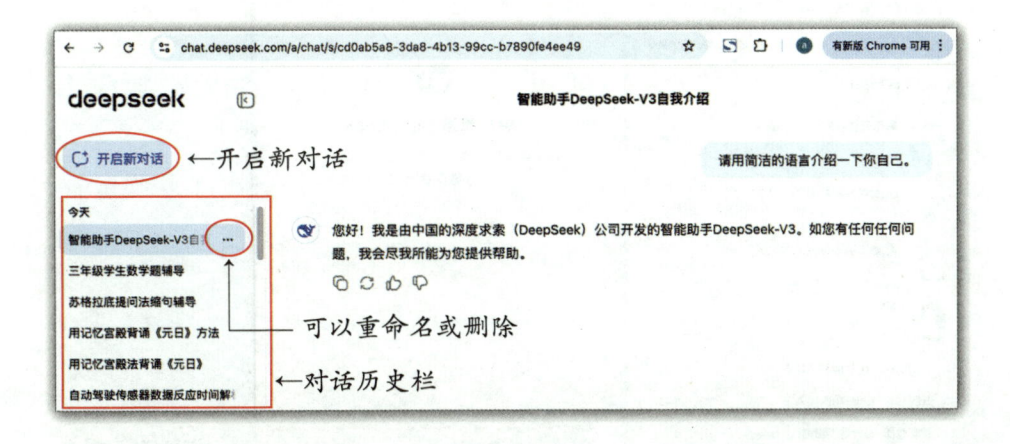

每一个对话会保留当前你和 DeepSeek 对话的所有输入和输出的内容，你可以选择之前的对话，从而"回到当时"，继续你们的话题。也可以单击对话右侧的 ••• 进行重命名或者删除。如果你想开启一个新的对话主题，可以单击记录栏上的 开启新对话 ，这样就可以和 DeepSeek"忘记过去，重新开始"。

5　下载 DeepSeek App

在 DeepSeek 官方网站首页，单击 获取手机 App ，就可以扫码下载 DeepSeek 的 App。也可以在各个应用商店里搜索"DeepSeek"，找到"DeepSeek-AI 智能对话助手"进行下载。安装完成后打开应用即可使用。

17

App 的界面与网页端类似，布局略有不同。例如，单击左上角的 ☰ 按钮打开对话历史栏，单击右上角的 ⊕ 开启新对话，上传附件的图标则变为了 ＋。

第一章 智慧对话篇

你好,聪明的探索者!我是你的朋友DeepSeek。我可以帮你解答问题、整理思路,甚至可以陪你头脑风暴!

如果想与我高效沟通,获得你最想要的答案,那可是有一定技巧的!你想知道有什么窍门吗?一起来看看吧!

AI生成图:智慧对话

AI 角色扮演法

换位思考能帮助我们从不同角度去看待和分析问题，在使用 DeepSeek 时也是如此。"角色扮演法"可以赋予 DeepSeek 不同的身份，让它的回答更加精准，也能让它的语气、回答方式、口吻更加符合用户的预期。

> **例1** 以小学老师的口吻来解释什么是人工智能。

首先，我们来看看 DeepSeek 在正常情况下是如何回答的。

输入指令：

什么是人工智能？

人工智能（Artificial Intelligence，简称AI）是指通过计算机系统模拟人类智能的能力，使其能够执行通常需要人类智慧的任务。这些任务包括学习、推理、问题解决、感知、语言理解等。

人工智能的主要类型

1. **弱人工智能（Narrow AI）：**
   - 专注于特定任务，如语音识别、图像识别或推荐系统。
   - 例如：Siri、AlphaGo。
2. **强人工智能（General AI）：**
   - 具备类似人类的广泛认知能力，能够处理各种任务。
   - 目前尚未实现。
3. **超级人工智能（Superintelligent AI）：**
   - 超越人类智能，能在所有领域优于人类。
   - 属于理论概念。

关键技术

1. **机器学习（Machine Learning）：**
   - 通过数据训练模型，使其能够进行预测或决策。
   - 包括监督学习、无监督学习和强化学习。
2. **深度学习（Deep Learning）：**
   - 使用多层神经网络处理复杂数据，如图像和语音。
3. **自然语言处理（NLP）：**
   - 使机器能够理解和生成人类语言。
   - 应用包括翻译、聊天机器人等。
4. **计算机视觉（Computer Vision）：**
   - 使机器能够理解和分析图像和视频。
   - 应用包括人脸识别、自动驾驶等。

应用领域

- **医疗**：辅助诊断、药物研发。
- **金融**：风险评估、算法交易。
- **交通**：自动驾驶、交通管理。
- **零售**：个性化推荐、库存管理。
- **制造业**：自动化、质量控制。

挑战与伦理问题

- **数据隐私**：大量数据的使用引发隐私担忧。
- **算法偏见**：训练数据中的偏见可能导致不公平结果。
- **就业影响**：自动化可能取代部分工作岗位。
- **安全与控制**：确保AI系统的安全性和可控性。

未来发展

随着技术进步，AI有望在更多领域得到应用，但也需解决伦理和社会问题，确保其发展符合人类利益。

总结来说，人工智能是通过计算机模拟人类智能的技术，涵盖多种类型和关键技术，广泛应用于多个领域，同时也面临诸多挑战。

这样的回答很专业，但同学们却不一定能看懂。

现在，我们可以使用"角色扮演法"来调整一下提问的方式，使 DeepSeek 的回答更符合学生的阅读和理解视角。

输入指令：

你是一位小学科技老师，请给我们解释一下什么是人工智能。

将 DeepSeek 的角色定位为小学科技老师，那它的回答就会有所不同。现在，DeepSeek 的解释和举例就通俗多了，同学们也能轻松读懂。

> 你是一位小学科技老师，请给我们解释一下什么是人工智能。

同学们，大家好！今天我们要来聊一聊一个非常有趣的话题——**人工智能**，也就是我们常说的AI。你们可能已经在电影、电视或者游戏中听说过它，但它到底是什么呢？让我用简单的方式来解释一下。

人工智能是什么？

人工智能就是让机器（比如电脑、机器人）变得"聪明"，能够像人类一样思考、学习和解决问题。不过，它并不是真的像人类一样有感情或者意识，而是通过程序和算法来模仿人类的智能行为。

举个例子：

- 当你用手机语音助手（比如Siri或小爱同学）问"今天天气怎么样？"时，它能够听懂你的话，并告诉你答案。这就是人工智能在发挥作用！
- 还有你们喜欢的游戏里的电脑对手，它们会根据你的操作做出反应，这也是人工智能的一种。

人工智能是怎么工作的？

人工智能的核心是**学习**。它通过大量的数据来学习如何完成任务。比如：

1. **识别图片**：如果你给电脑看很多猫的图片，它就能学会认出猫。
2. **下棋**：AlphaGo是一个很厉害的人工智能程序，它通过学习和练习，甚至能打败世界冠军！
3. **自动驾驶**：有些汽车可以通过人工智能自己开车，因为它们学会了识别道路、红绿灯和行人。

人工智能在我们生活中的应用

人工智能已经悄悄进入了我们的生活，你们可能每天都在用它！比如：

1. **语音助手**：像Siri、小爱同学，它们可以帮你查资料、设闹钟。
2. **推荐系统**：当你在看视频或者购物时，人工智能会根据你的喜好推荐你可能感兴趣的内容。
3. **智能家居**：有些家里的灯、空调可以通过语音控制，这也是人工智能的功劳。

人工智能的未来

未来，人工智能可能会变得更厉害！比如：

- **医疗**：帮助医生更快地诊断疾病。
- **教育**：为每个同学提供个性化的学习计划。
- **环保**：帮助科学家更好地保护地球。

例2 用鲁迅的口吻来提醒我们管理好时间，提高学习效率。

如果你做作业总是拖拖拉拉，你可以请 DeepSeek 生成一段话，提醒自己管理好时间。

第1步 输入以下指令：

我做作业总是拖拖拉拉，效率低下，请帮我生成一段不超过200字的话，给我讲清楚做好时间管理的重要性以及如何更好地管理时间，提高效率。

DeepSeek 回答得很不错，已经用对孩子说话的口吻生成了一段内容。

> 亲爱的孩子，时间是我们最宝贵的财富。做好时间管理，不仅能让你更快完成作业，还能有更多时间做自己喜欢的事。试试这些小技巧：1. 制定计划，把作业分成小块完成；2. 设定时间限制，给自己一点紧迫感；3. 专注当下，一次只做一件事；4. 完成后奖励自己。记住，管理好时间，就是掌握了自己的未来。相信你一定能做到！

第2步 现在，尝试让 DeepSeek 用鲁迅的口吻来给出回答。指令如下：

我做作业总是拖拖拉拉，效率低下，请你以鲁迅的口吻，帮我生成一段不超过200字的话，给我讲清楚做好时间管理的重要性以及如何更好地管理时间，提高效率。

比较一下，DeepSeek 的回答是不是很有"鲁迅"范儿了？

> 孩子，你可知道，时间如流水，一去不复返。你今日的拖延，便是明日的懊悔。我见过许多人，因虚度光阴而一事无成，也见过勤奋者，因珍惜分秒而成就非凡。你当明白，作业非是负担，而是磨砺心智的砥石。若要提高效率，不妨将任务分解，逐一击破；设定时限，自我督促；摒除杂念，专心致志。如此，你方能驾驭时间，而非为其所困。切记，今日事今日毕，莫待明日空悲切。

AI 受众预设法

有时候 DeepSeek 的回答很深奥、很专业，你可能无法理解。如果想让 DeepSeek 生成你能看懂的回答，除了使用"角色扮演法"，还可以使用"受众预设法"。这个方法是指告诉 DeepSeek 它在跟什么人对话，说明与它对话的对象的身份特征，以便它能够给出更精准的回答。

例1 请 DeepSeek 用小学生能理解的语言，分析一下当前中国的经济形势。

步骤 在 DeepSeek 中保持 深度思考(R1) 处于选中状态，输入指令：

请用小学生能理解的语言，分析一下当前中国的经济形势。

经济形势的分析是比较专业的，小学生一般难以理解。但只要告诉 DeepSeek，它的受众是小学生，它就能用打比方等的方式来进行讲解，小学生自然就能听懂了。

中国现在的经济就像一棵正在成长的大树🌳，我来用小朋友能听懂的方式讲给你听哦！

1 大树长得很大了

以前这棵树每年能长高一大截（就像中国以前每年经济增长很快），现在它已经长成森林里第二高的大树了（世界第二大经济体），长得太快之后速度放慢了点，但还是在稳稳地长高。

> **2 最近遇到点小麻烦**
> 🌬️ 树周围刮起了大风（国际贸易摩擦）
> 🐛 树根有些小虫子（部分企业遇到困难）
> 🍂 有些老树叶变黄了（传统产业需要升级）
> 不过园丁叔叔们（政府）正在给树捉虫、施肥（降税、发补贴），还给树穿上了防风衣（稳定外贸政策）。
>
> **3 新树枝在发芽**
> 🌱 树顶冒出了很多科技小嫩芽（5G、人工智能、新能源）
> 🌸 树枝上开出"直播卖货"小花（网络经济）
> 🍄 树下还长出了很多帮忙的小蘑菇（小微企业）
> 这些新芽长得特别快，以后可能会变成大树的重要部分。
>
> **4 园丁的特别照顾**
> 🧑‍🌾 园丁们现在重点做两件事：
> ① 给大树修剪老树枝（淘汰落后产能）
> ② 给新芽搭支架保护（扶持新兴产业）
> 还要经常给树根松土（改革营商环境），让营养更好吸收。
>
> **5 我们该怎么看这棵树？**
> 就像照顾生病的盆栽要有耐心一样，这棵经济大树现在需要：
> 🍃 吃点维生素（政策调节）
> ✂️ 修剪枯枝（产业升级）
> 🌳 慢慢恢复健康（不能急功近利）
> 园丁叔叔说，只要好好照顾，大树还会继续茂盛成长，结出更多果子给我们吃哦！🍎🍏
>
> （用小手掌比个树冠的样子🌳👋）记住啦，大树现在有点累在休息，等它恢复了又会活力满满！

例2 请 DeepSeek 给从来没学过化学的孩子讲讲元素周期表。

第1步 在 DeepSeek 中保持 深度思考(R1) 处于选中状态，输入指令：

请给一个化学"小白"讲清楚什么是元素周期表。

第2步 经过思考，DeepSeek 生成了一段化学"小白"或是小学生也能听懂的关于元素周期表的介绍。

当然可以！我会用最简单的语言和比喻，带你轻松理解元素周期表。

1 什么是元素？

想象一下，**元素**就像"宇宙的乐高积木"。比如：

- **氢**是宇宙中最轻的积木，星星里到处都是它。
- **氧**是你呼吸时需要的积木。
- **金**是闪闪发亮的积木，可以做首饰。

每种元素都是由**同一种原子**构成的，就像每个乐高积木块有自己独特的形状和颜色。

2 元素周期表是什么？

元素周期表是一张"化学地图"，把所有的元素（目前有118种）按照规律排列成一张表格。就像你把乐高积木按颜色和形状分类摆放在盒子里一样！

它的发明者是**门捷列夫**（俄国化学家），他发现元素的性质有重复的规律，于是设计了这个表格，甚至提前给未知元素"留了空位"。

3 周期表的排列规律

- **横行（周期）**：从左到右，元素的**原子越来越大**（原子核里的质子数增加）。
  比如：第一行只有氢（H）和氦（He），第二行从锂（Li）到氖（Ne）。
- **纵列（族）**：同一列的元素**化学性质很像**！
  比如：最左边一列是"碱金属"（钠Na、钾K），它们遇水会剧烈爆炸；最右边一列是"稀有气体"（氦He、氖Ne），它们非常稳定，几乎不和其他元素反应。

4 周期表能告诉我们什么？

- **符号和名称**：比如"O"代表氧，"Fe"是铁（拉丁语Ferrum）。
- **原子序数**：左上角的数字，代表原子核里的**质子数**。比如碳（C）是6，所以有6个质子。
- **原子量**：元素的大致重量（质子和中子的总和）。
- **金属/非金属**：表格左侧大多是金属（如铁、铜），右侧是非金属（如氧、氮），中间是"过渡金属"。

5 为什么周期表重要？

- **预测性质**：如果知道一个元素在周期表的位置，就能猜出它的性质。比如钠（Na）和钾（K）在同一列，它们都很活泼，能和水剧烈反应。
- **发现新元素**：科学家通过周期表的规律，合成了许多新元素（比如第117号元素Ts）。
- **理解化学反应**：比如为什么氧气（O_2）能助燃，而二氧化碳（CO_2）不能？周期表的位置会告诉你答案。

● **举个例子**

钠（Na）：

- 位于第三周期、第一列（碱金属）。

AI 风格预设法

萝卜青菜，各有所爱。不同的人也许会喜欢不同的对话风格。与 DeepSeek 对话时同样如此，我们可以告诉 DeepSeek 你想要什么风格的回答，比如幽默的、严厉的，或是简洁的，这就是"风格预设法"。

例1 请 DeepSeek 用幽默的风格来解释为什么"十五的月亮十六圆"。

第1步 在 DeepSeek 中输入指令：
请用喜剧人的风格说一说为什么"十五的月亮十六圆"。

第2步 以下就是 DeepSeek 用喜剧人的风格生成的回答，有没有逗笑你呢？

> 哎呀，各位观众朋友们，今天咱们来聊聊一个特别有意思的话题——为什么十五的月亮十六圆呢？这个问题啊，听起来就像是在问"为什么我昨天吃的火锅今天还在肚子里转悠"一样，让人摸不着头脑！
>
> 首先啊，咱们得明白，月亮它可不是个随随便便的主儿，它有自己的节奏，有自己的小脾气。十五的月亮，按理说应该是圆的，对吧？但是呢，有时候它就是不按套路出牌，非要等到十六才肯露出那张圆滚滚的脸。这就像我那个总爱迟到的朋友，每次聚会都说"马上到"，结果等到菜都凉了，他才慢悠悠地晃进来。
>
> 其实啊，这背后是有科学道理的。月亮的圆缺变化，跟它绕地球转的轨道有关。有时候，月亮转得稍微慢了点，或者地球转得稍微快了点，这月亮就显得有点"拖延症"，非要等到十六才肯圆。这就像咱们平时上班，明明定了闹钟，结果一赖床，就迟到了。月亮它也是，一"赖床"，就变成了十六圆。

27

例2 请 DeepSeek 用辩论的形式来论证气候变暖的利与弊。

第1步 在 DeepSeek 中输入以下指令：

请用辩论的形式来讨论气候变暖的利与弊。

第2步 DeepSeek 从正方和反方的角度各给出了三个论点。

气候变暖：是机遇还是挑战？

正方：气候变暖利大于弊

- **论点一：气候变暖将带来新的发展机遇。**
  - 北极冰层融化将开辟新的航道，缩短航运距离，降低运输成本，促进全球贸易。
  - 高纬度地区气候变暖，将增加适宜耕种的土地面积，提高粮食产量，缓解全球粮食危机。
  - 气候变暖将刺激绿色能源、节能减排等新兴产业的发展，创造新的就业机会，推动经济转型。
- **论点二：气候变暖将改善部分地区的生存环境。**
  - 高纬度地区冬季将变得更加温暖，减少因严寒导致的死亡率和疾病发生率。
  - 部分干旱地区降水量可能增加，缓解水资源短缺问题，改善生态环境。
- **论点三：人类有能力适应气候变暖带来的挑战。**
  - 科技进步将帮助我们开发更高效的能源利用方式，减少温室气体排放。
  - 我们可以通过建设防洪设施、改良作物品种等方式，适应气候变化带来的负面影响。

反方：气候变暖弊大于利

- **论点一：气候变暖将导致极端天气事件频发。**
  - 全球气温升高将导致更频繁、更强烈的热浪、干旱、洪水和飓风等极端天气事件，给人类生命财产安全带来巨大威胁。
  - 极端天气事件将破坏基础设施，影响农业生产，造成巨大的经济损失。

总结：

气候变暖是一个复杂的问题，其利弊需要全面、客观地进行分析。虽然气候变暖可能带来一些机遇，但其带来的挑战更为严峻。我们必须正视气候变暖的威胁，积极采取行动，减少温室气体排放，适应气候变化，才能实现可持续发展。

最终，气候变暖是利是弊，取决于我们如何应对。 如果我们采取积极的行动，将挑战转化为机遇，气候变暖就有可能成为人类文明进步的催化剂。反之，如果我们放任自流，气候变暖必将成为一场灾难。

从 DeepSeek 的回答中，你是否明白了辩论的逻辑呢？

例3 请 DeepSeek 用带有诗意的风格讲述人工智能给人类带来的便利。

第1步 在 DeepSeek 中输入指令：
请用带有诗意的风格讲述人工智能给人类带来的便利。

第2步 很快，一首充满诗意的《数字之诗》就被创作出来了。

《数字之诗》

清晨，第一缕阳光还未抵达窗棂
智能管家已轻轻唤醒沉睡的窗帘
让晨光如溪流般漫入房间
这是人与机器共舞的序章

城市在数据中苏醒
交通灯以最优的节奏跳动
像一位指挥家，让钢铁洪流
谱写成和谐的乐章

医院里，机械臂执刀如执笔
在生命的画布上描绘希望
而远程诊疗让千里之外的专家
将智慧化作治愈的光

古老的敦煌壁画前
数字修复师正在重建时光
让褪色的飞天重获羽翼
在虚拟与现实间翱翔

这是我们的时代
人与机器共谱的诗篇
在数字的海洋里
我们终将抵达更远的彼岸

你还想让 DeepSeek 呈现什么风格呢？是专业严谨的，还是充满童趣的，或是行云流水的，辞藻华丽的……都没问题，DeepSeek 主打一个有求必应！

AI 模仿学习法

"三人行，必有我师焉"，为了让 DeepSeek 更精准地生成我们想要的结果，也可以为它请一位"老师"，让它先学习，然后再执行任务。

例1 让 DeepSeek 模仿某个作家的风格创作一首诗。

第1步 在 DeepSeek 中输入指令：
请模仿朱自清的风格写一篇描写母亲的文章。

朱自清描写父亲的文章《背影》家喻户晓，DeepSeek 可以按照我们的要求，模仿朱自清的风格，写出一篇关于母亲的美文。这样，朱自清就成了 DeepSeek 的"老师"。

《母亲的背影》

那是一个寒冷的冬夜，我躺在床上，听着窗外呼啸的北风。母亲坐在床边，借着昏黄的煤油灯，一针一线地为我缝补着破旧的棉袄。我望着她佝偻的背影，忽然觉得鼻子一酸。

母亲的手很巧。记得小时候，她总能用几块碎布头，为我缝制出漂亮的衣裳。每逢过年，她还会用红纸剪出各式各样的窗花，贴在窗户上，把简陋的屋子装点得喜气洋洋。她的手总是温暖的，即便在寒冬腊月，也从不觉得冰冷。

母亲很爱干净。每天天不亮就起床，把屋里屋外打扫得一尘不染。她常说："穷要穷得干净，苦要苦得有志气。"即便是在最艰难的日子里，我们的衣服也总是洗得发白，叠得整整齐齐。

母亲没读过什么书，却懂得很多道理。她常常对我说："做人要像竹子一样，虚心有节。"每当我贪玩逃学，她从不打骂，只是默默地望着我，那眼神里既有责备，又含着期盼。渐渐地，我懂得了她的苦心，开始用功读书。

如今，我远在他乡求学，每每想起母亲，眼前总会浮现出那个冬夜的背影。煤油灯的光晕笼罩着她花白的头发，针线在她粗糙的手指间穿梭，发出细微的"沙沙"声。那声音，像是春蚕在咀嚼桑叶，又像是春雨滋润着干涸的土地。

我知道，无论我走多远，母亲的牵挂永远像那盏煤油灯，温暖而明亮地照在我的心上。她的爱，就像她缝补的棉袄，虽然朴素，却足以抵御世间所有的寒冷。

例2 模仿马丁·路德·金的演讲风格生成一段激励孩子努力学习的文字。

第1步 在 DeepSeek 中输入指令：

请模仿马丁·路德·金的演讲（I have a dream），写一篇激励孩子努力学习的英文文章，篇幅短一些。

第2步 经典的 I have a dream 的精髓，也被 DeepSeek 学到啦！马丁·路德·金成了 DeepSeek 的"老师"。

I Have a Dream for Our Children

I have a dream today.

I have a dream that one day, every child will wake up with a spark in their eyes, eager to learn, to explore, and to grow. I have a dream that classrooms will not be places of boredom, but of wonder, where young minds are ignited with curiosity and passion.

I have a dream that no child will be left behind, that every boy and girl, no matter their background, will have the opportunity to reach for the stars. I have a dream that education will be a bridge, not a barrier, a path to freedom, not a chain of limitation.

I have a dream that our children will not be judged by their grades alone, but by the content of their character, the depth of their questions, and the courage of their dreams. I have a dream that they will learn not just to read and write, but to think, to create, and to lead.

例3　请 DeepSeek 先学习上传的内容，再模仿其风格创作一首诗。

> 姑爷爷
>
> 当姑爷爷还在时，
> 我和他一起堆沙子。
> 面前，
> 一堆沙子。
> 手里，
> 一把铲子。
> 但如今，
> 面前，
> 只有隆起的土堆。
> 手里，
> 只有一张皱巴巴的旧照片……

第 1 步　将想让 DeepSeek 模仿学习的内容拍照或截图，例如这首诗：

第 2 步　在 DeepSeek 中单击 📎 按钮，上传这张图片。

第 3 步　在 DeepSeek 中输入指令：

这是我写的一首诗，请模仿这首诗的风格和内容，再创作一首写奶奶的诗。

第 4 步　看，DeepSeek 模仿得有模有样，甚至超越了"老师"的作品！

> **奶奶的摇椅**
>
> 当奶奶还在时，我和她一起坐在摇椅上。面前，一片温暖的阳光。手里，一杯热腾腾的茶。但如今，面前，只有空荡荡的角落。手里，只有一条她织了一半的围巾……

AI 格式控制法

有时候 DeepSeek 洋洋洒洒回答了一大段文字，却让人抓不住重点，或者是生成的内容不能直接用。这时候，我们可以使用"格式控制法"来规范 DeepSeek 输出的格式。明确告诉 DeepSeek 你需要输出什么格式即可，比如表格、诗歌等。

例1 让 DeepSeek 用表格列举 10 条孩子从小学习编程的好处。

第1步 在 DeepSeek 中输入指令：
请以表格的形式列举 10 条孩子从小学习编程的好处。

第2步 你看，DeepSeek 按照我们的要求，列举了 10 条孩子从小学习编程的好处，并用表格形式呈现出来，一目了然。

以下是孩子从小编程的10条好处，以表格形式呈现：

序号	好处描述	详细说明
1	培养逻辑思维能力	编程需要清晰的逻辑和步骤，帮助孩子学会分析问题、解决问题。
2	提高数学能力	编程中涉及大量数学概念，如变量、循环、条件判断等，能强化数学应用能力。
3	增强创造力	编程让孩子通过代码实现自己的想法，激发创造力和创新思维。
4	提升专注力和耐心	编程需要长时间调试和修改代码，培养孩子的专注力和耐心。

5	增强问题解决能力	编程过程中会遇到各种问题，孩子需要学会独立思考和寻找解决方案。
6	为未来职业发展打下基础	编程是未来社会的重要技能，早期学习能为孩子未来的职业选择提供更多机会。
7	提高团队合作能力	编程项目通常需要团队协作，孩子可以学会与他人沟通和合作。
8	增强自信心	完成编程项目后，孩子会获得成就感，从而增强自信心。
9	培养跨学科学习能力	编程与科学、技术、工程、数学（STEM）等领域密切相关，促进跨学科学习。
10	适应数字化时代	编程是数字化时代的核心技能，帮助孩子更好地理解和适应科技社会。

希望这个表格能清晰地展示孩子从小学编程的益处！

例2 让 DeepSeek 用代码来解决"鸡兔同笼"问题。

第1步 在 DeepSeek 中输入指令：

请写一段 Python 代码解决"鸡兔同笼"问题。代码运行后，允许我们输入鸡和兔的总头数和总脚数，然后计算出结果。

第2步 DeepSeek 马上变身程序大师，不仅用代码的格式生成了内容，还使用了我们要求的 Python 语言。

下面是一个解决"鸡兔同笼"问题的Python代码。代码会要求用户输入鸡和兔的总头数和总脚数，然后计算出鸡和兔的数量。

```python
def solve_chicken_rabbit_problem():
    # 输入总头数和总脚数
    total_heads = int(input("请输入总头数："))
    total_legs = int(input("请输入总脚数："))

    # 计算兔子的数量
    # 每只兔子比鸡多2只脚
    rabbits = (total_legs - 2 * total_heads) / 2

    # 计算鸡的数量
    chickens = total_heads - rabbits
```

```
        chickens = total_heads - rabbits

    # 检查结果是否合理
    if rabbits >= 0 and chickens >= 0 and rabbits == int(rabbits):
        print(f"鸡的数量: {int(chickens)}")
        print(f"兔的数量: {int(rabbits)}")
    else:
        print("无解，输入的脚数或头数不合理。")

# 运行函数
solve_chicken_rabbit_problem()
```

代码说明：

1. **输入部分**：用户需要输入鸡和兔的总头数和总脚数。
2. **计算部分**：
   - 兔子的数量通过公式 `(total_legs - 2 * total_heads) / 2` 计算得出。
   - 鸡的数量通过 `total_heads - rabbits` 计算得出。
3. **检查合理性**：如果计算出的兔子数量和鸡的数量都是非负整数，则输出结果；否则提示无解。

示例运行：

```
请输入总头数: 10
请输入总脚数: 26
鸡的数量: 7
兔的数量: 3
```

这个代码可以有效地解决"鸡兔同笼"问题，并且会检查输入是否合理。

<u>第 3 步</u>　单击代码块右上方的 复制 ，将代码块复制到剪贴板。在本地运行 Python 代码需要一定的编程基础，我们可以在线运行。打开 Programiz 的 Python 在线编译运行网页，网址是 https://www.programiz.com/python-programming/online-compiler/。

你好，AI：
给孩子的高效学习法

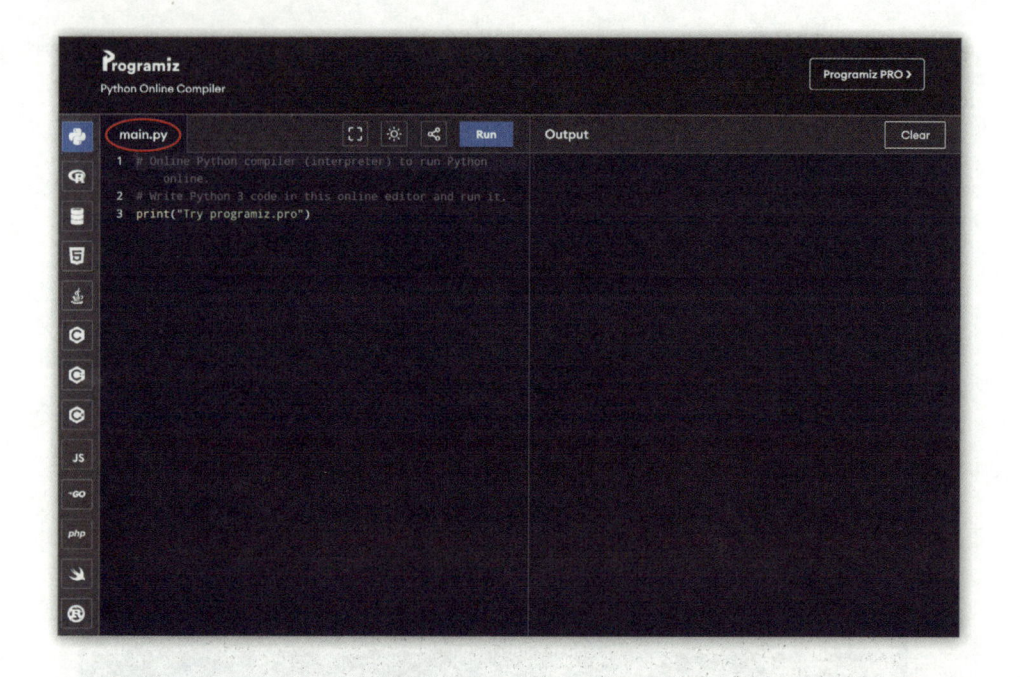

第 4 步 页面主要分为左边的代码区和右边的输出区。在左边代码区的名为 `main.py` 的标签下，清除原有的代码，将刚才复制的 Python 代码粘贴进去，单击 `Run` 。

> **知识小链接**
>
> Programiz 是一个面向编程学习者的在线平台，提供多种编程语言的教程、示例和工具，帮助我们学习和实践编程。

第5步 在右侧的输出区输入鸡和兔的总头数,例如"30",按下键盘上的回车键;再输入总脚数,例如"70",再次按下回车键。这时,将显示计算后得到的鸡的数量和兔的数量。

例3 让 DeepSeek 生成一个暑期生活和学习计划。

第1步 在 DeepSeek 中输入指令：

用 CSV 格式生成一个小学生暑假学习生活计划，要求时间安排合理，每天要有户外活动和休闲放松的时间。

DeepSeek 按照我们的要求，以 CSV 格式生成了一个劳逸结合的暑期生活和学习计划。

以下是一个小学生暑假学习生活计划的CSV格式示例。这个计划考虑了学习、户外活动、休闲放松和休息时间的平衡。

```csv
时间, 周一, 周二, 周三, 周四, 周五, 周六, 周日
07:00-07:30, 起床、洗漱, 起床、洗漱, 起床、洗漱, 起床、洗漱, 起床、洗漱, 起床、洗漱, 起床、洗漱
07:30-08:00, 早餐, 早餐, 早餐, 早餐, 早餐, 早餐, 早餐
08:00-09:00, 数学练习, 语文阅读, 数学练习, 语文阅读, 数学练习, 自由活动, 自由活动
09:00-10:00, 语文阅读, 数学练习, 语文阅读, 数学练习, 语文阅读, 户外活动, 户外活动
10:00-10:30, 休息、吃水果, 休息、吃水果, 休息、吃水果, 休息、吃水果, 休息、吃水果, 休息、吃水果, 休息、吃水果
10:30-11:30, 英语学习, 英语学习, 英语学习, 英语学习, 英语学习, 自由活动, 自由活动
11:30-12:30, 午餐, 午餐, 午餐, 午餐, 午餐, 午餐, 午餐
12:30-13:30, 午休, 午休, 午休, 午休, 午休, 午休, 午休
13:30-14:30, 科学探索, 手工制作, 科学探索, 手工制作, 科学探索, 户外活动, 户外活动
14:30-15:30, 户外活动, 户外活动, 户外活动, 户外活动, 户外活动, 自由活动, 自由活动
15:30-16:30, 自由活动, 自由活动, 自由活动, 自由活动, 自由活动, 阅读时间, 阅读时间
16:30-17:30, 阅读时间, 阅读时间, 阅读时间, 阅读时间, 阅读时间, 家庭活动, 家庭活动
17:30-18:30, 晚餐, 晚餐, 晚餐, 晚餐, 晚餐, 晚餐, 晚餐
18:30-19:30, 家庭活动, 家庭活动, 家庭活动, 家庭活动, 家庭活动, 自由活动, 自由活动
19:30-20:30, 休闲放松（看电视、玩游戏）, 休闲放松（看电视、玩游戏）, 休闲放松（看电视、玩游戏）, 休闲放松（看电视、玩游戏）, 休闲放松（看电视、玩游戏）, 休闲放松（看电视、玩游戏）, 休闲放松（看电视、玩游戏）
20:30-21:00, 洗漱、准备睡觉, 洗漱、准备睡觉, 洗漱、准备睡觉, 洗漱、准备睡觉, 洗漱、准备睡觉, 洗漱、准备睡觉, 洗漱、准备睡觉
21:00-, 睡觉, 睡觉, 睡觉, 睡觉, 睡觉, 睡觉, 睡觉
```

说明：

1. **学习时间**：每天安排了数学、语文、英语和科学探索等学习内容，确保学习的多样性和趣味性。
2. **户外活动**：每天至少安排1小时的户外活动，帮助孩子锻炼身体、放松心情。
3. **休闲放松**：晚上安排了休闲放松时间，孩子可以看电视、玩游戏等，确保有足够的娱乐时间。
4. **休息时间**：每天有午休和充足的睡眠时间，保证孩子的身体健康。
5. **自由活动**：周末和部分时间段安排了自由活动，孩子可以根据自己的兴趣选择活动内容。

你可以根据孩子的具体需求和兴趣调整这个计划。

第2步 单击右上角的 复制，将内容复制到一个文本文档中，将文件扩展名".txt"改为".csv"，例如"我的学习计划.csv"。再次打开文件，就可以查看暑期学习计划了。

/提醒/ 如果文件不显示扩展名，可同时按下键盘上的"Win+E"快捷键，打开文件资源管理器，在工具栏中打开"查看"选项，在"显示/隐藏"栏中勾选"文件扩展名"，即可显示文件扩展名。

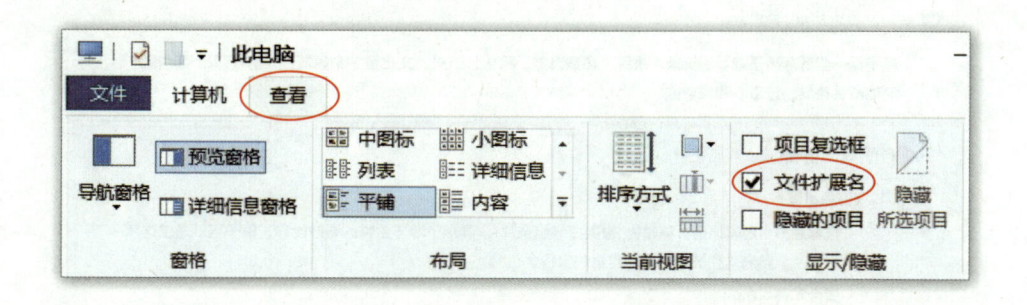

AI 层层递进法

我们在向 DeepSeek 提问时，一开始可能没法考虑得很周全，也许会漏掉一些条件或者需求，导致获得的答案不够准确，不能满足我们的需求。没关系，我们可以使用"层层递进法"，根据 AI 返回的结果，逐步完善自己的提问，一步步给出更加准确的指令，从而得到更符合自己需求的结果。

例 请 DeepSeek 推荐一些适合孩子观看的纪录片。

第 1 步 保持 🌐联网搜索 处于选中状态，输入指令：
请帮我推荐一些适合孩子观看的纪录片。

第 2 步 DeepSeek 检索了互联网上的一些内容，给出了它的回答，包括多个自然与动物类、科学与探索类等多个主题。

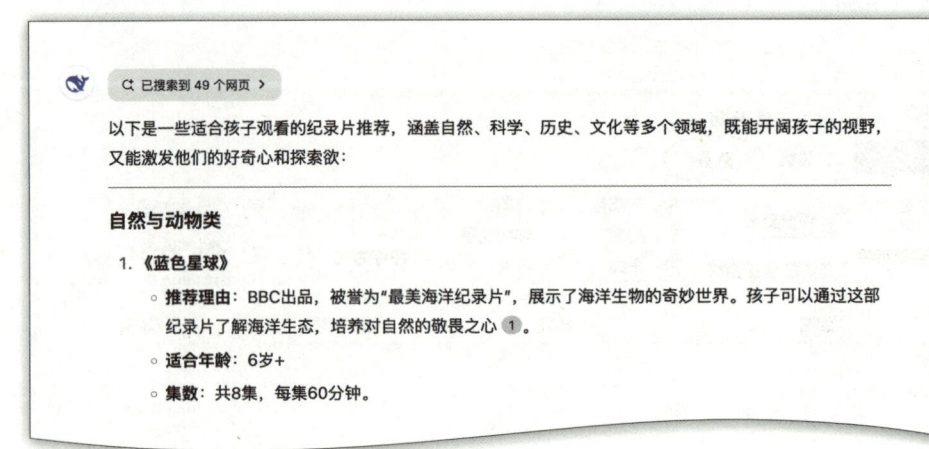

🔍 已搜索到 49 个网页 ›

以下是一些适合孩子观看的纪录片推荐，涵盖自然、科学、历史、文化等多个领域，既能开阔孩子的视野，又能激发他们的好奇心和探索欲：

自然与动物类

1. 《蓝色星球》
   - **推荐理由**：BBC出品，被誉为"最美海洋纪录片"，展示了海洋生物的奇妙世界。孩子可以通过这部纪录片了解海洋生态，培养对自然的敬畏之心 ①。
   - **适合年龄**：6岁+
   - **集数**：共8集，每集60分钟。

2. 《行星》
   - 推荐理由：以拟人化的方式讲述太阳系的故事，画面精美，内容通俗易懂。孩子可以学到天文知识，开阔视野 ③。
   - 适合年龄：7岁+
   - 集数：共5集，每集50分钟。

3. 《从太空看地球》
   - 推荐理由：通过卫星视角展示地球的壮丽景观，帮助孩子从宏观角度认识我们的家园 ⑨。
   - 适合年龄：4岁+
   - 集数：共4集，每集50分钟。

历史与文化类

1. 《影响世界的中国植物》
   - 推荐理由：介绍了中国植物的历史与文化影响，画面唯美，内容深刻。孩子可以了解植物与人类文明的关系 ① ⑨。
   - 适合年龄：6岁+
   - 集数：共10集，每集50分钟。

2. 《千古风流人物》
   - 推荐理由：通过演绎历史名人的故事，帮助孩子了解中国古代文化与诗词。内容有趣，适合语文学习 ③ ⑦。
   - 适合年龄：7岁+
   - 集数：多集，每集30分钟。

3. 《如果国宝会说话》
   - 推荐理由：以轻松幽默的方式介绍中国文物，每集仅5分钟，适合碎片化观看。孩子可以了解历史与文化 ⑦ ⑪。
   - 适合年龄：5岁+
   - 集数：多集，每集5分钟。

艺术与人文类

1. 《中国唱诗班》
   - 推荐理由：通过动画形式展现经典古诗词，画面唯美，音效动人。孩子可以在艺术熏陶中学习传统文化 ④。
   - 适合年龄：5岁+
   - 集数：共6集，每集约10分钟。

2. 《餐桌上的世说新语》
   - 推荐理由：以饮食文化为切入点，展现魏晋时期的生活风貌。内容幽默，适合孩子了解历史 ④。
   - 适合年龄：6岁+
   - 集数：多集，每集约10分钟。

这些纪录片不仅能丰富孩子的知识，还能培养他们的审美、思维和价值观。家长可以根据孩子的兴趣和年龄选择合适的作品，陪伴孩子一起观看，共同探索世界的奇妙。

第 2 步　如果你对太阳系方面的内容更感兴趣，可以继续追问 DeepSeek，或者重新调整指令：

请帮我推荐一些适合孩子观看的、关于太阳系方面的纪录片。

第 3 步　这一次，DeepSeek 推荐的纪录片都变成了关于太阳系方面的。

已搜索到 49 个网页

以下是一些适合孩子观看的关于太阳系的纪录片推荐，这些纪录片不仅内容丰富，还能激发孩子对宇宙和自然的好奇心：

1. 《行星》（The Planets）
   - 简介：这部纪录片以拟人化的方式讲述太阳系行星的故事，结合精美的特效和真实的科学数据，让孩子们了解行星的形成、地球的独特性以及宇宙的奥秘 [1] [3]。
   - 适合年龄：7岁+
   - 观看平台：腾讯视频
   - 亮点：通过生动的叙事和视觉冲击，帮助孩子理解复杂的科学概念，同时培养环保意识 [1] [3]。

2. 《太阳系的奇迹》（Wonders of the Solar System）
   - 简介：由布莱恩·考克斯教授主持，带领观众探索太阳系的壮丽景观，如极光、太阳风暴等自然现象，同时解释地球与太阳系的紧密联系 [4] [10]。
   - 适合年龄：5岁+
   - 观看平台：Bilibili、腾讯视频
   - 亮点：用简单易懂的语言和地球上的类比场景，帮助孩子理解太阳系的科学原理 [4] [10]。

3. 《宇宙的奇迹》（Cosmos: A Spacetime Odyssey）
   - 简介：这部纪录片通过宏大的视角讲述宇宙的起源、恒星的生命周期以及人类在宇宙中的位置，画面精美，内容深入浅出 [5] [10]。
   - 适合年龄：8岁+
   - 观看平台：Bilibili、腾讯视频
   - 亮点：结合科学知识与哲学思考，激发孩子对宇宙的敬畏与探索欲望 [5] [10]。

第一章 智慧对话篇

第 4 步　结合两次给出的回答，我们考虑到看视频的时间不能过长，毕竟保护好视力很重要。再次调整指令：

请帮我推荐一些适合孩子观看的、关于太阳系方面的纪录片，每一集的时长不要超过半小时。

第 5 步　可以看到，DeepSeek 再次作答时将纪录片的时长标了出来，一些时长超过半小时的纪录片也加了说明，备注可以分段观看。

> 已搜索到 48 个网页
>
> 以下是几部适合孩子观看的关于太阳系的纪录片推荐，每集时长均不超过30分钟，内容丰富且易于理解：
>
> 1. 《行星》（The Planets）
>   - **时长**：每集约50分钟（可分段落观看）
>   - **推荐理由**：这部纪录片采用拟人化的方式讲述太阳系行星的故事，将复杂的科学知识转化为生动有趣的"爱恨情仇"情节，适合孩子理解。影片通过真实地貌模拟和精美特效，展现了水星、火星等行星的特点，帮助孩子了解太阳系的形成与地球的独特性 ② ⑥ ⑧ 。
>   - **观看平台**：腾讯视频
>
> 2. 《宇宙时空之旅》（Cosmos: A Spacetime Odyssey）
>   - **时长**：每集约45分钟（可分段落观看）
>   - **推荐理由**：这部纪录片以科学叙事的方式探索宇宙的壮丽，从宇宙的起源到地球的位置，内容深入浅出。影片通过宇宙日历和想象力之船等创意元素，激发孩子对宇宙的好奇心 ① ⑧ 。
>   - **观看平台**：各大视频平台
>
> 3. 《课本里的经典》
>   - **时长**：每集约15分钟
>   - **推荐理由**：虽然不是纯粹的太阳系纪录片，但其中涉及地球与宇宙的相关内容，通过经典课文延伸出科学故事，帮助孩子理解地球在宇宙中的位置及其独特性 ⑦ 。
>   - **观看平台**：未明确标注，可在主流视频平台搜索
>
> 4. 《星际旅行指南》
>   - **时长**：每集约50分钟（可分段落观看）
>   - **推荐理由**：这部纪录片带领观众从地球出发，探索太阳系的各个行星，内容生动有趣，适合孩子了解行

43

> **举一反三**

你还可以在提问中要求<mark>给出纪录片的具体链接</mark>，更加方便观看。通过这种层层递进的提问方法，你可以逐步提高自己的提问精准度，获得自己最想要的结果。

AI 生成图：仰望太空

AI 编程思维法

当 DeepSeek 的回答总是不够准确，不能完全满足你的需求时，我们可以考虑用编程思维法向 DeepSeek 提问。编程思维法并不要求我们会编程，而是让我们通过清晰的逻辑和步骤引导 AI 生成便捷、准确、有用的回答，实现批量化或者持久化的内容生成。

例1 让 DeepSeek 批量生成动物介绍的短文。

我们想批量生成一些介绍不同动物的短文，例如老虎、熊猫、狮子、猫、狗等。思路是先给出具体的需求，让 DeepSeek 介绍一种动物，然后再让它依据同样的思路生成其他动物的介绍。快和我们一起来操作吧！

第1步 在 DeepSeek 中输入指令：

请帮我生成一篇介绍老虎的文章，300 字左右，要讲清楚老虎的外观、习性，与人类的关系。

第2步 DeepSeek 很快生成了一篇介绍老虎的文章。

> **森林之王：老虎**
>
> 老虎是猫科动物中体型最大的成员，以其威严的外表和强大的力量被誉为"森林之王"。成年虎体长可达3米，体重超过300公斤，橙黄色的皮毛上布满黑色条纹，这些独特的斑纹如同人类的指纹，每只虎的纹路都不相同。
>
> 作为顶级掠食者，老虎独居生活，领地意识极强。它们昼伏夜出，依靠敏锐的视觉和听觉在丛林中狩猎。老

> 虎擅长游泳，能轻松渡过宽阔的河流。在野外，老虎主要以鹿、野猪等大型哺乳动物为食，一只成年虎每天需要进食6公斤左右的肉。
>
> 随着人类活动范围的扩大，老虎的栖息地不断缩减。据统计，全球野生虎数量已不足4000只。人类与老虎的关系正从对抗走向共存，许多国家建立了自然保护区，通过生态旅游等方式，既保护了老虎，又为当地居民带来了经济收益。保护老虎不仅是维护生物多样性，更是守护地球生态平衡的重要举措。

第3步 再让 DeepSeek 用同样的格式生成一篇介绍熊猫的文章。输入指令：

请帮我生成一篇介绍熊猫的文章，300字左右，要讲清楚熊猫的外观、习性、与人类的关系。

第4步 这也难不倒 DeepSeek，很快它就完成回答。

> **竹林隐士：大熊猫**
>
> 大熊猫是中国特有的珍稀动物，以其黑白分明的毛色和憨态可掬的外表深受世人喜爱。成年大熊猫体长1.2-1.8米，体重可达160公斤。它们圆润的脸庞上有着醒目的黑眼圈，粗短的四肢和圆滚滚的身躯使其行动显得笨拙而可爱。
>
> 大熊猫是典型的竹林隐士，99%的食物来自竹子。它们每天要花费10-16小时进食，摄取12-38公斤的竹子。大熊猫性情温和，独居生活，活动范围通常在4-7平方公里。虽然属于食肉目动物，但经过漫长的进化，大熊猫已经适应了以植物为主的食性。
>
> 大熊猫被誉为"活化石"和"中国国宝"，是世界自然基金会的形象大使。由于栖息地破碎化和繁殖困难，野生大熊猫数量一度锐减。通过建立自然保护区、开展人工繁育等措施，大熊猫的保护工作取得显著成效，野外种群数量已增至1800多只。大熊猫不仅是生物多样性保护的旗舰物种，更是中国与世界各国友好交流的使者，在促进国际生态保护合作方面发挥着独特作用。

第5步 可以看到，在这个案例中，我们给 DeepSeek 下达的指令都是类似的。这时，我们就可以采用编程思维的提问技巧，让 DeepSeek 批量生成我们需要的文章，提高工作效率。输入以下指令：

请帮我生成 5 篇介绍不同动物的短文，每篇文章 300 字左右，内容大致包括：首先介绍这种动物的外观，然后是它的习性，最后是它与人类的关系。这 5 种动物是：老虎、熊猫、狮子、猫、狗。

第 6 步 真是太棒了！DeepSeek 一口气帮我们把 5 种动物的短文都生成好了！

森林之王：老虎

老虎，作为猫科动物中的巨无霸，以其威严的外表震慑四方。它们身披橙黄色皮毛，点缀着独特的黑色条纹，犹如大自然精心绘制的艺术品。强健的四肢和锋利的爪子让它们成为出色的猎手，而那双炯炯有神的眼睛则透露出王者的霸气。

老虎是独居动物，领地意识极强。它们昼伏夜出，依靠敏锐的嗅觉和听觉追踪猎物。老虎擅长游泳，甚至能横渡宽阔的河流。它们以鹿、野猪等大型哺乳动物为食，偶尔也会捕食鱼类和鸟类。

自古以来，老虎在人类文化中占据着重要地位。它们被视为力量和勇气的象征，出现在许多神话传说和艺术作品中。然而，由于栖息地丧失和偷猎，野生老虎数量急剧下降。如今，保护老虎已成为全球性的议题，人们正在努力为这些动物创造安全的生存环境。

国宝熊猫：黑白配色的萌物

熊猫，以其独特的黑白配色和憨态可掬的外表俘获了全世界的心。它们圆滚滚的身体覆盖着厚厚的毛发，黑色的眼圈仿佛戴着一副时尚墨镜。熊猫的拇指状腕骨使它们能够灵活地抓握竹子，这是它们的主要食物。

熊猫是独居动物，性格温和，行动缓慢。它们大部分时间都在进食和睡觉，每天要吃掉大量的竹子。虽然主要以竹子为食，但熊猫也偶尔会吃一些小型动物。

熊猫是中国的国宝，也是世界自然基金会的标志。它们被视为和平与友谊的象征，常常作为外交礼物送给其他国家。近年来，随着保护力度的加大，野生熊猫数量有所回升。然而，栖息地破碎化和气候变化仍然是熊猫面临的严峻挑战。

草原霸主：狮子

狮子，作为非洲草原的统治者，以其威武雄壮的身姿和震耳欲聋的吼声闻名于世。雄狮拥有浓密的鬃毛，显得更加威严霸气，而雌狮则体型较小，更擅长狩猎。它们强壮的四肢和锋利的牙齿使它们成为百兽之王。

狮子是群居动物，通常以狮群为单位生活。狮群由一只或几只雄狮、多只雌狮以及它们的幼崽组成。雌狮负责狩猎，而雄狮则负责保卫领地。狮子主要以大型哺乳动物为食，如斑马、羚羊和水牛。

狮子在人类文化中有着悠久的历史，被视为勇气和力量的象征。它们出现在许多神话传说、艺术作品和旗帜上。然而，由于栖息地丧失和人类活动，野生狮子数量正在减少。保护狮子及其栖息地已成为当务之急。

人类的亲密伙伴：猫

猫，以其优雅的身姿和神秘的气质成为人类最受欢迎的宠物之一。它们体型娇小，毛发柔软，眼睛炯炯有神，尾巴灵活多变。猫咪的爪子可以伸缩，使它们能够悄无声息地行走。

47

> 猫是夜行动物，白天大部分时间都在睡觉。它们喜欢干净，经常用舌头梳理毛发。猫咪是出色的猎手，擅长捕捉老鼠等小型动物。它们性格独立，但也喜欢与人类互动。
>
> 猫与人类的关系可以追溯到几千年前。古埃及人将猫视为神圣的动物，甚至为它们建造了神庙。如今，猫已经成为许多家庭的重要成员，为人们带来欢乐和陪伴。研究表明，养猫可以降低压力，改善心理健康。
>
> **人类最忠实的朋友：狗**
>
> 狗，作为人类最早驯化的动物，以其忠诚和友善赢得了"人类最忠实的朋友"的美誉。它们体型各异，毛发颜色和长度也千差万别，但都拥有灵敏的嗅觉和听觉。狗狗的尾巴是它们表达情绪的重要工具。
>
> 狗是群居动物，具有很强的社会性。它们聪明伶俐，能够学习各种指令和技巧。狗狗的嗅觉极其灵敏，被广泛应用于搜救、缉毒和导盲等领域。它们性格活泼，喜欢与人类互动。
>
> 狗与人类的关系源远流长，可以追溯到数万年前。它们陪伴人类狩猎、放牧、看家护院，成为人类生活中不可或缺的伙伴。如今，狗不仅是宠物，更是许多人的精神寄托。它们用无条件的爱和忠诚，温暖着我们的心灵。

例2 让 DeepSeek 生成长度单位换算的小工具。

单位换算也是我们需要掌握的技巧和知识，例如米、千米、厘米等长度单位的换算，我们可以询问 DeepSeek 具体的问题。在 DeepSeek 中输入指令：

2.3 米换算成千米、分米、厘米和毫米分别是多少？

DeepSeek 给出的答案很明确。

> 要将2.3米换算成千米、分米、厘米和毫米，可以按照以下步骤进行：
>
> 1. **换算成千米（km）**
>   1 千米 = 1000 米
>   2.3 米 ÷ 1000 = 0.0023 千米
>
> 2. **换算成分米（dm）**
>   1 米 = 10 分米
>   2.3 米 × 10 = 23 分米

3. 换算成厘米（cm）
1 米 = 100 厘米
2.3 米 × 100 = 230 厘米

4. 换算成毫米（mm）
1 米 = 1000 毫米
2.3 米 × 1000 = 2300 毫米

最终答案：

2.3 米 = 0.0023 千米
= 23 分米
= 230 厘米
= 2300 毫米

但每次想进行单位换算，都要问一遍 DeepSeek 或者按照它给的换算规则进行计算，这是不是很麻烦呢？这时候，我们可以按照编程思维去考虑问题，让 DeepSeek 生成一个单位换算的带有界面的小工具，那就方便多了。

知识小链接

HTML（超文本标记语言，HyperText Markup Language）是用于创建网页的标准标记语言。HTML 文件通常以".html"或".htm"为扩展名，并由浏览器解析和渲染，可以较便捷地运行。

第1步 保持 深度思考(R1) 处于选中状态，输入指令：

请帮我用 HTML 语言生成一个长度单位换算的小工具，界面上有一个输入框，用来输入数字，右侧有一个下拉框，用来选择长度单位，包括米、千米、分米、厘米和毫米。单击下方的"换算"按钮，根据输入的数字和选择的单位，显示换算成其他单位（不包括原来选择的单位）的结果，输出结果按从大到小的顺序排列。界面要美观大方，布局合理、整齐。

第 2 步 很快，DeepSeek 生成了一些文字和黑色背景的代码块，代码块中就是 HTML 语言的代码。

以下是一个符合您需求的长短单位换算工具HTML代码，包含样式和交互功能：

```html
<!DOCTYPE html>
<html lang="zh-CN">
<head>
    <meta charset="UTF-8">
    <meta name="viewport" content="width=device-width, initial-scale=1.0">
    <title>长度单位换算器</title>
    <style>
        body {
            font-family: 'Segoe UI', Tahoma, Geneva, Verdana, sans-serif;
            max-width: 500px;
            margin: 2rem auto;
            padding: 20px;
            background-color: #f5f5f5;
        }

        .converter-box {
            background: white;
            padding: 25px;
            border-radius: 10px;
            box-shadow: 0 2px 10px rgba(0,0,0,0.1);
        }

        .input-group {
            display: flex;
            gap: 10px;
            margin-bottom: 20px;
        }
```

```javascript
            // 将分米作为基准单位
            const baseValue = inputValue * unitMap[selectedUnit].value;

            let outputHtml = '';
            unitOrder.forEach(unit => {
                if (unit !== selectedUnit) {
                    const convertedValue = baseValue / unitMap[unit].value;
                    outputHtml += `
                        <div class="result-item">
                            <span class="unit">${unitMap[unit].name}</span>
                            <span class="value">${convertedValue.toFixed(4)}</span>
                        </div>
                    `;
                }
            });

            results.innerHTML = outputHtml;
        }
    </script>
</body>
</html>
```

▶ 运行 HTML

第一章 智慧对话篇

第3步 单击代码块右下角的 ▶运行HTML，就可以将代码运行起来。试用一下这个单位换算的小工具吧，是不是方便多了？

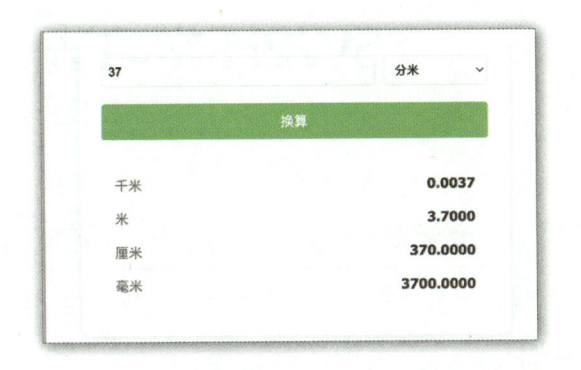

37	分米

换算

千米	0.0037
米	3.7000
厘米	370.0000
毫米	3700.0000

举一反三

你可以按自己的需要，让小工具的功能更加丰富，比如界面的风格，还可以增加其他单位的换算，比如<mark>重量单位的换算</mark>、<mark>面积单位的换算</mark>、<mark>时间单位的换算</mark>等，做成一个单位换算的综合小工具。

AI 生成图：厨师机器人

51

你好，AI：
给孩子的高效学习法

5W2H 学习法

预习是学习中重要的一环。我们应该如何预习呢？是把课文读一读，还是把生字写一写？今天，我们就学习如何利用 DeepSeek+5W2H 学习法来更高效地预习。

例 通过 DeepSeek+5W2H 学习法预习小学《语文》三年级上册的古诗《山行》。

知识小链接

5W2H 学习法是一种系统化的分析和解决问题的方法，通过提出 7 个关键问题帮助全面理解任务。这 7 个关键问题包括：What（什么）、Why（为什么）、Who（谁）、When（何时）、Where（何地）、How（如何）、How much（多少）。

第 1 步　在 DeepSeek 中同时选中 深度思考 (R1) 联网搜索，可以让它更好、更准确地回答问题，接着输入以下指令：

请你用 5W2H 学习法帮我预习《山行》这首古诗。请逐一提问，等我回答后，对我的答案做出判断和分析，再提问下一个问题。

第 2 步　经过思考后，DeepSeek 首先给出了 Who 的问题，也就是这首诗的作者是谁。

第一章 智慧对话篇

> 好的，我们现在开始用5W2H法预习《山行》。
> **第一个问题（Who）：**
> 这首诗的作者是谁？请结合你已知的知识回答。
>
> （等待你的回复后，我会补充背景知识并判断准确性，再提出下一个问题）

我们思考后回答这个问题，输入：

这首诗的作者是唐代诗人杜牧。

第 3 步 DeepSeek 先对我们的回答进行了分析，然后抛出了第二个问题：What（什么）。

> **判断与分析：**
> 很好，回答正确！杜牧是晚唐著名诗人，与李商隐并称"小李杜"，擅长七言绝句，诗风清丽自然。《山行》正是他的代表作之一。
>
> **第二个问题（What）：**
> 这首诗主要描绘了什么内容？尝试概括诗中提到的核心意象或场景。

我们再次回答问题。输入：

这首诗描绘了秋日山行的景色与作者的感受。

第 4 步 DeepSeek 肯定了我们的回答，同时告诉我们可以描述得更加具体。接着它问出下一个问题：When（何时）。

> **判断与分析：**
> 你的回答部分正确，但可以更具体。《山行》确实以秋日山行为背景，但诗中通过具体意象展开：
>
> 1. **寒山石径斜**：点明季节（秋）与山路蜿蜒。
> 2. **白云生处有人家**：勾勒远景中的山居烟火气。
> 3. **枫林晚、霜叶红于二月花**：以枫叶的浓烈色彩为核心意象，表达对秋景的惊喜与赞美。
>
> 需注意：诗人不仅写景，更通过对比（霜叶与春花）体现对秋的独特感悟。
>
> **第三个问题（When）：**
> 诗中暗示了具体的季节和时间线索，哪些词句体现了"深秋"和"傍晚"？请结合诗句说明。

53

依此类推，等回答完所有问题，相信你对《山行》这首诗就足够了解了，从而达到高效预习的目的。

AI 生成图：《山行》

苏格拉底提问法

如果我们答题总是一知半解，只知其然却不知其所以然。那就可以利用 DeepSeek+苏格拉底提问法，帮助我们真正理解问题的本质，掌握解题的步骤。

例1 通过DeepSeek+苏格拉底提问法解决不懂的数学题。

第1步 将错题或想要了解的题目发送给 DeepSeek，例如有一道关于闰年概念的题目。在 DeepSeek 中输入以下指令：

> 我是一位三年级学生，有一道数学题不会做，假设你是我的数学老师，请你用苏格拉底提问法的思路辅导我一步一步解出这道题，以你提问我回答的形式，一次只问一个问题，等我回答完再进行下一个问题。
>
> 题目是：下列年份中，（　）年是闰年
>
> A.2004　B.2018　C.2100。

知识小链接

苏格拉底提问法是一种通过逻辑追问帮助你发现自身认知中的漏洞，最终自主接近答案的方法。它不会直接向你灌输知识，而是通过一步步引导，让你自行找到答案。

DeepSeek 直接进入角色，开始用苏格拉底提问法来引导我们解题。

> 非常好！让我们用苏格拉底式的方法一步步解决这个问题。首先，你知道什么是闰年吗？

第 2 步　思考一下 DeepSeek 的问题，输入我们的回答。
我只知道每 4 年会有一个闰年，这一年的二月会多一天。

DeepSeek 像一位循循善诱的老师，带我们了解了基本的知识点。现在它将引导我们带着知识点来解答这道题。

> 这是个很好的开始！那么根据你现有的知识，让我们看看选项A的2004年：2004 ÷ 4等于多少呢？

第 3 步　我们可以继续作答：
501

> 啊，让我们再仔细算一下：2004 ÷ 4 = 501 余数是0对吗？这说明2004能被4整除。那么根据你刚才说的"每4年一个闰年"，2004应该是什么年呢？
>
> 闰年

以此类推，继续通过一问一答的方式来解题。

> 很好！现在我们来看选项B的2018年。用同样的方法，2018 ÷ 4等于多少呢？余数是多少？
>
> 504，余2

🔖 完全正确！既然2018÷4余2，不能被4整除，那么2018年应该是什么年呢？

不是闰年

🔖 非常好！现在让我们来看最有趣的选项C的2100年。我们先算算2100÷4等于多少？余数是多少？

525，余数是0

🔖 啊，这是个很棒的发现！按照我们之前的规律，2100能被4整除，似乎应该是闰年。但老师要告诉你一个特别的知识点：对于整百的年份（像2100、2200这样末尾有两个0的年份），我们还需要用400来除一除。那么2100÷400等于多少呢？余数是多少？

5，余100

🔖 太棒了！你算得很准确。既然2100÷400有余数100，不能整除，那么2100年符合闰年的条件吗？

不符合

🔖 完全正确！现在让我们总结一下：
- 2004÷4=501余0 → 闰年
- 2018÷4=504余2 → 不是闰年
- 2100÷4=525余0，但2100÷400=5余100 → 不是闰年

所以这道题的正确答案是什么呢？

2004

🔖 太棒了！你完全正确！正确答案就是A.2004。通过这次讨论，你不仅复习了普通闰年的判断方法，还学到了整百年份的特殊规则。你真是个善于思考的小数学家！

◌ ⟳ 👍 👎

最终我们得到了正确答案，并且在这个过程中掌握了知识点，知道了如何去思考和解题。

例2 通过 DeepSeek+苏格拉底提问法，完成语文缩句。

第1步 在 DeepSeek 中保持 深度思考(R1) 处于选中状态，输入以下指令：

现在要对"小鸟在那愈发繁茂的绿蔓里边发出一种尖细又娇嫩的鸣叫。"这句话进行缩句，请用苏格拉底提问法辅导我一步一步完成缩句。请以你问我答的形式，一次只问一个问题，等我回答完再问下一个问题。

第2步 经过思考，DeepSeek 开始一步一步引导我们进行缩句。

> 好的，让我们用苏格拉底提问法一步步完成缩句。请先仔细阅读原句：
>
> **原句：**
> 小鸟在那愈发繁茂的绿蔓里边发出一种尖细又娇嫩的鸣叫。
>
> **问题1：**
> 这句话描述的主要动作是什么？或者说，核心事件是什么？（比如：小鸟在做什么？）

第3步 这个问题并不难，在 DeepSeek 中输入我们的回答：小鸟在鸣叫。

第4步 收到回答后，DeepSeek 继续引导。

> **问题2：**
> 很好，核心动作是"鸣叫"。接下来，原句中的"在那愈发繁茂的绿蔓里边"是描述小鸟鸣叫的**地点状语**。你认为缩句时是否需要保留这个地点？如果保留，能否简化它的表达？（比如：是否必须保留"愈发繁茂的"？）

第 5 步　以此类推，跟着 DeepSeek 的提问一步一步地思考，我们就能够越来越接近正确答案了。

> 　　　　　　　　　　　　　　　　　　　　　　　　　　　不需要保留
>
> **问题3：**
> 很好，地点已经去掉。现在看剩下的部分："发出一种尖细又娇嫩的鸣叫"。
> 这里的"一种尖细又娇嫩的"是修饰"鸣叫"的定语。你认为缩句时是否需要保留这些定语？为什么？（比如："尖细又娇嫩"是否重要？能否直接说"发出鸣叫"？）
>
> 〈 5/5 〉
>
> 　　　　　　　　　　　　　　　　不用保留，因为这些短语也是用来形容鸣叫的
>
> **问题4：**
> 正确，定语可以省略。现在剩下的结构是"小鸟发出鸣叫"。这里"发出"是否属于必须保留的谓语动词？能否进一步简化，比如直接说"小鸟鸣叫"？为什么？（提示：思考"鸣叫"是否可以独立表达动作，而无需"发出"）
>
> 　　　　　　　　　　　　　　　　　　　　　可以简化，鸣叫可以独立表达动作
>
> **最终答案：**
> 经过以上步骤，缩句结果为：**小鸟鸣叫。**
>
> **步骤总结：**
> 1. 保留主语"小鸟"和核心动作"鸣叫"。
> 2. 删去地点状语（"在那愈发繁茂的绿蔓里边"）和修饰语（"一种尖细又娇嫩的"）。
> 3. 简化动词结构（"发出鸣叫"→"鸣叫"）。
>
> 你完成得很棒！缩句的关键就是抓住主干（主+谓+宾），去掉不影响核心表达的修饰成分。继续练习会更熟练哦~

艾宾浩斯记忆法

同学们，你在学习的过程中有没有碰到过这样的情形？课文、单词明明已经很认真地背过了，但总是背了后面忘了前面，或者隔一段时间就忘得一干二净。怎么解决这个难题呢？我们可以利用 DeepSeek+艾宾浩斯记忆法，帮助我们合理复习，高效记忆。

例1 请用DeepSeek+艾宾浩斯记忆法辅助背诵英语单词。

> **知识小链接**
>
> 艾宾浩斯记忆法是一种记忆理论，其核心在于通过间隔重复来对抗遗忘，它要求在特定时间点复习所学内容，以加深记忆。

第1步 准备一些需要学习和背诵的英语单词，在 DeepSeek 中输入以下指令：

young（年轻的）
funny（滑稽可笑的）
tall（高的）　　strong（强壮的）
kind（和蔼的、亲切的）
old（年老的）　short（矮的）
thin（瘦的）　　Mr（先生）
like（像、喜欢）　strict（严格的）
smart（聪明的、巧妙的）
active（积极的、活跃的）
quiet（安静的、文静的）

very（很、非常）　　　but（但是）　　　principal（校长）
university（大学）　　　student（学生）

以上是我要学习和背诵的单词，请你按照艾宾浩斯记忆法，为我制订一个背诵+复习的计划，要求以表格形式呈现，表格内要标注好我每天要背诵和复习的单词。

第2步　经过思考之后，DeepSeek 帮助我们生成了学习计划。计划里不仅规划了不同时间的学习内容和记忆技巧，还给出了具体的执行方案。我们只要跟着计划执行，就能很好地掌握这些单词。

以下是基于艾宾浩斯记忆曲线制定的**英语单词背诵复习计划表（21天周期）**，单词已分为4组，每天学习量适中：

日期	学习新单词	复习内容	记忆技巧
第1天	Group1：young funny tall strong kind	无	用肢体动作表现单词（如比划tall、strong）
第2天	Group2：old short thin Mr like	Group1	对比反义词（tall-short, young-old）
第3天	Group3：strict smart active quiet	Group1 + Group2	制作单词分类表（性格/外貌/身份）
第4天	Group4：very but principal university student	Group2 + Group3	用新单词造句（如：My principal is very kind）
第5天	无新学	Group1 + Group3 + Group4	制作单词闪卡（正面英语，背面中文+图画）
第6天	综合练习	Group2 + Group4	玩单词联想游戏（如：smart→university student）
第7天	无新学	Group1 + Group2 + Group3	听写检测（可录音自查）
第8天	无新学	Group3 + Group4	用单词编故事（必须包含5个新词）
第14天	终极检测	全部单词听写	模拟考试（限时10分钟完成）

> | 第21天 长期巩固 | 易错词专项复习 | 制作错题本重点突破 |
>
> **执行方案：**
>
> 1. **每日流程：** 早上学习新词（10分钟）→ 午休碎片复习（5分钟）→ 睡前闭眼回忆（8分钟）
> 2. **分组内容：**
>   - Group1: young funny tall strong kind
>   - Group2: old short thin Mr like
>   - Group3: strict smart active quiet
>   - Group4: very but principal university student
>
> **增效技巧：**
>
> 1. **联想记忆：**
>   - 用「Mr Lin is old but very active」串联5个单词
>   - 将「university student」与「smart, active」建立关联
> 2. **场景应用：**
>   - 用「strict principal」和「kind university student」编对话
>   - 描述家庭成员：Dad（tall strong），Grandma（old kind）
> 3. **多感官记忆：**
>   - 用不同颜色笔写形容词（红色）和名词（蓝色）
>   - 为「funny」画小丑，为「quiet」画图书馆
>
> **复习检测工具推荐：**
>
> 1. 自制单词转盘（外层英语，内层中文）
> 2. 利用「Quizlet」创建电子闪卡
> 3. 与伙伴玩「你说特征我猜单词」游戏（如："Someone helps others"→"kind"）
>
> 需要调整分组方式或获取具体某天的详细记忆方案可以告诉我哦！✨
>
> ‹ 3/3 ›

例2 在 DeepSeek 中，用艾宾浩斯记忆法生成古诗背诵计划。

第1步 保持 ⊗深度思考(R1) ⊕联网搜索 处于选中状态，在 DeepSeek 中输入以下指令：

我想在1个月内背诵20篇古诗，请帮我整理20篇适合小学生背诵的古诗，再用艾宾浩斯记忆法生成背诵计划，并以表格形式呈现，要求表格内标注好我每天应该背诵或复习的古诗名。

第 2 步 经过思考后，DeepSeek 先帮我们整理了 20 篇古诗，然后按照艾宾浩斯记忆法给出了背诵计划和建议。

以下是为您设计的古诗积累计划表，结合艾宾浩斯记忆法（5次复习周期）和适合小学生的20首古诗，建议每天学习新诗+复习旧诗，总周期30天：

精选20首小学生古诗清单

1. 《静夜思》李白
2. 《春晓》孟浩然
3. 《咏鹅》骆宾王
4. 《悯农》李绅
5. 《登鹳雀楼》王之涣
6. 《江雪》柳宗元
7. 《赋得古原草送别》白居易（节选）
8. 《游子吟》孟郊
9. 《清明》杜牧
10. 《早发白帝城》李白
11. 《望庐山瀑布》李白
12. 《绝句》杜甫（两个黄鹂鸣翠柳）
13. 《小池》杨万里
14. 《山行》杜牧
15. 《枫桥夜泊》张继
16. 《鹿柴》王维
17. 《江南》汉乐府
18. 《回乡偶书》贺知章
19. 《九月九日忆山东兄弟》王维
20. 《池上》白居易

艾宾浩斯背诵计划表

日期	新背诵古诗（1首）	需复习的古诗（按记忆周期）
第1天	《静夜思》	无
第2天	《春晓》	复习《静夜思》
第3天	《咏鹅》	复习《春晓》
第4天	《悯农》	复习《咏鹅》《静夜思》
第5天	《登鹳雀楼》	复习《悯农》《春晓》
第6天	《江雪》	复习《登鹳雀楼》《咏鹅》
第7天	《赋得古原草送别》	复习《江雪》《悯农》《静夜思》

AI 记忆宫殿法

背诵课文有助于我们对知识的理解和积累,但死记硬背不仅枯燥乏味,而且效率低下。我们可以利用 ==DeepSeek+记忆宫殿法+豆包== 帮助孩子高效背诵。

> **例** 通过 DeepSeek+记忆宫殿法+豆包辅助背诵王安石的《元日》。

第1步 在 DeepSeek 中保持 _{深度思考(R1)} 处于选中状态,输入以下指令:

> 请你用"记忆宫殿"的方法帮助我背诵古诗《元日》,提高我背诵的效率。

第2步 经过思考后,DeepSeek 开始利用记忆宫殿法为我们构建场景,包括门厅、客厅、厨房和后院。

知识小链接

记忆宫殿法利用了人类对空间和视觉信息的强大记忆能力,通过将信息与熟悉的物理空间中的特定位置关联起来,从而增强记忆效果。

> 太好了！用"记忆宫殿法"（Memory Palace）来背诵《元日》非常合适。我会帮你设计一个生动有趣的记忆路径，现在开始我们的沉浸式记忆旅程吧！
>
> **记忆路径设计：春节主题乐园**
> 我们选取"门厅-客厅-厨房-后院"四个熟悉场景，对应四句诗：
>
> **1 门厅场景：爆竹爆炸迎新岁**
> 想象推开家门时，一串巨型爆竹突然炸响（爆竹声中），炸飞的红色爆竹衣变成一件写着"一岁"的旧唐装，被炸得粉碎（一岁除）。注意感受爆竹的硫磺味和红色碎屑飘落的感觉。
>
> **2 客厅场景：春风暖酒醉屠苏**
> 沙发上坐着一只绿色风精灵（春风），正用吹风机（送暖）对着桌上的琥珀色酒瓶（屠苏）。酒瓶突然长出小脚跳进你嘴里，喉咙顿时暖洋洋的。
>
> **3 厨房场景：朝阳镀金千万户**
> 透过厨房窗户，看到初升的太阳长着笑脸（曈曈日），它的金光射线把整栋楼的窗户（千门万户）都镀成金色。每家窗台都摆着发光的小太阳灶，反射出刺眼的光芒。
>
> **4 后院场景：桃子大战换春联**
> 后院的桃树突然坠落，无数卡通桃子（新桃）砸向旧的春联（旧符）。每个桃子砸中旧春联时都会"砰"地变成新对联，注意旧春联上画着年兽图案。
>
> **记忆强化技巧：**
> 1. **动态夸张**：每个场景都要有夸张动作（爆炸、跳跃、发光）
> 2. **感官叠加**：添加爆竹声、酒香、阳光热度等感官记忆
> 3. **逻辑锚点**：记住"爆-春-日-桃"四个关键词触发整句
> 4. **顺序锁定**：通过空间移动路径（进门→入座→进厨房→到后院）固定诗句顺序

第3步　仔细阅读 DeepSeek 生成的记忆场景，结合诗句在脑海中构想出具体的画面，从而加强记忆。复制四个场景描述的内容。

第4步　打开豆包网页 https://www.doubao.com/chat/ 或相应手机 App，将在 DeepSeek 中复制的内容逐一粘贴到豆包的输入框里，再给出生成图片的指令（例如粘贴"门厅场景"的文字）：

你好，AI：
给孩子的高效学习法

> **你好，我是豆包。准备好了吗？我随时可以开始哦！**
>
> 请帮我生成图片：推开家门时，一串巨型爆竹突然炸响（爆竹声中），炸飞的红色爆竹衣变成一件写着"一岁"的旧唐装，被炸得粉碎（一岁除）。注意感受爆竹的硫磺味和红色碎屑飘落的感觉。

第 5 步　单击 ↑ 按钮，漂亮的场景图就生成了。

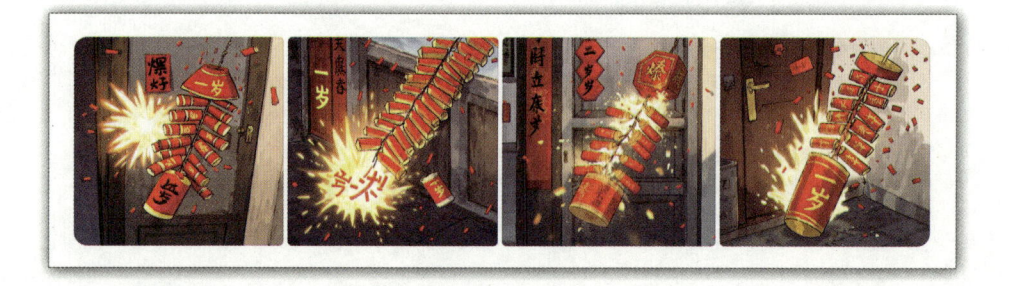

第 6 步　将其他场景也按这种方法分别生成图片，选取你认为恰当的图片，组成《元日》这首诗的记忆场景图片组。想象自己在一座记忆宫殿里走动，从进门到客厅，然后进厨房，最后到后院……结合文字描述和对应的图片画面，相信你很快就能背诵这首诗了。

爆竹声中一岁除，春风送暖入屠苏。千门万户曈曈日，总把新桃换旧符。

第二章 学科探索篇

　　AI工具能帮助我们更好地学习各学科知识，并掌握探索答案的方法。无论是修改作文、解应用题，还是巧记单词，AI都能变身小老师、小助手，为我们一一解答。

AI生成图：智能教室

品味语文

AI 字词学习

字词是语文学习中最基础也是最重要的部分。对于课文里的生字，一个一个去翻字典效率太低了。现在，我们可以利用 DeepSeek 进行字词的专项练习。

例 利用 DeepSeek 来认识和学习新的字词。

第 1 步 将要学习的课文生字拍照后保存。例如，小学《语文》三年级下册的写字表如下图：

写字表

1	融 燕 鸳 鸯 惠 崇 芦 芽 梅 溪 泛 减
2	凑 拂 聚 聚 形 掠 偶 尔 沾 倦 闲 纤 痕
3	瓣 蓬 胀 裂 姿 势 仿 佛 随 蹈 止
5	守 株 待 宋 耕 触 颈 释 其
6	骄 傲 谦 虚 懦 弱 提 尘 诤 捧 代 价
7	鹿 塘 映 欣 赏 匀 致 配 传 哎 狮 追 叹
9	符 欲 魂 借 酒 何 牧 兄 独 异 佳
10	伟 录 保 存 钓 脸 捞 阿 欧 洲 社

第 2 步 在 DeepSeek 中单击 📎 按钮，上传刚才保存的生字表图片。

```
给 DeepSeek 发送消息

                              上传附件（仅识别文字）
                              最多 50 个，每个 100 MB，支持各类文档和图片

深度思考 (R1)  🌐 联网搜索                    📎  ⬆
```

第二章 学科探索篇

> 🐋 **我是 DeepSeek，很高兴见到你！**
>
> 我可以帮你写代码、读文件、写作各种创意内容，请把你的任务交给我吧~
>
> 仅识别附件中的文字
>
> 📄 生字表.png
>   PNG 961.67KB
>
> 给 DeepSeek 发送消息
>
> ⊗ 深度思考 (R1)   🌐 联网搜索   📎 ⬆

第 3 步 在 DeepSeek 中输入以下指令：

请把序号为"1"的第一排里的生字标出读音、列出释义，并各组 5 个以内的词语。

只需简单等待，DeepSeek 就能把我们需要学习的生字列出来，拼音、释义、组词一应俱全。

> 🐋 以下是序号1第一排里每个字的读音、释义及组词：
>
> 1. 融 (róng)
>   - 释义：融化；融合；流通。
>   - 组词：融化、融合、融通、融洽、金融。
>
> 2. 燕 (yàn)
>   - 释义：鸟类的一科，常见的有家燕。
>   - 组词：燕子、燕窝、燕京、燕雀。
>
> 3. 鸳 (yuān)
>   - 释义：指鸳鸯，一种水鸟，常比喻夫妻。
>   - 组词：鸳鸯、鸳侣、鸳梦。
>
> 4. 鸯 (yāng)
>   - 释义：指鸳鸯中的雌鸟。
>   - 组词：鸳鸯、鸯锦。

第 4 步 认识了新的字词，我们可以继续让 DeepSeek 生成一些练习题来复习巩固。

69

我想针对序号"1"里的生字做一些练习,请帮我出一些看拼音写词语的题目,将生字组词,标上拼音。要求:一行显示四个词;拼音在上面,括号写在下面,留出足够的空让我填写;拼音和下面的括号要对齐,拼音开头与左括号对齐,拼音末尾与右括号对齐;词与词之间的间隔大一些;不用给出答案。

很快,DeepSeek 就按要求完成出题。可以看到,它在尽可能满足我们所有的要求。

以下是按照您的要求出的看拼音写词的题目:

róng huà	yàn zi	yuān yāng	huì gù
( )	( )	( )	( )
chóng gāo	lú wěi	yá cài	méi huā
( )	( )	( )	( )
xī shuǐ	fàn làn	jiǎn shǎo	
( )	( )	( )	

请根据拼音填写正确的词语。每个词之间留有足够的间隔,拼音与括号对齐。希望这些练习对您有帮助!

第 5 步 单击 复制 ,将内容复制到剪贴板,再打开文字处理软件(如 Word),将刚才复制的内容粘贴到文档里,就可以打印出来进行练习了。

成语积累与学习

成语简洁凝练，是中华文化的重要组成部分之一，常常蕴含着深刻的含义。我们在写作中加入恰当的成语，能让文章更加生动、富有文采，同时增强说服力和感染力。现在，我们可以借助 DeepSeek 来轻松地学习和积累成语知识。

例1 和 DeepSeek 玩成语接龙游戏。

第1步 输入以下指令：

我想和你玩成语接龙游戏，请你先说一个成语，我用这个成语的最后一个字作为下一个成语的开头，然后我们轮流接下去，直到我说"停止"。如果遇到比较难接的字，我们可以稍微灵活一点，允许使用谐音字。如果遇到一些比较难懂的成语，请给出解释。

DeepSeek 很快就进入角色，说出了第一个成语。

好的！让我们开始吧，我先说一个成语：

一帆风顺

（释义：船挂满帆，顺风行驶。比喻非常顺利，没有阻碍。）

该你了，请用"顺"字开头接下一个成语~ 😊

71

第 2 步 我们需要想一想以"顺"开头的成语，可以回答"顺风顺水"。

> 顺风顺水
>
> 🔹 水到渠成
>
> （释义：水流到的地方自然形成沟渠。比喻条件成熟，事情自然成功。）
>
> 该你啦，用"成"字接下一个成语~ 🌟

继续接龙下去，这样，我们就可以在游戏中学习和练习成语知识了。

例2 和 DeepSeek 玩成语填空游戏。

第 1 步 输入以下指令：

我想做一些成语填空练习，请你帮我生成一些不完整的成语，空出其中的关键字让我填空。

DeepSeek 生成了 10 条成语，让我们填空。

> 🔹 好的！以下是10个不完整的成语，空出了关键字，请根据你的知识填写正确的字：
>
> 1. 画龙点___
> 2. 守___待兔
> 3. 掩耳盗___
> 4. 亡羊补___
> 5. 对___弹琴
> 6. 杯弓___影
> 7. 鹤立___群
> 8. 一箭双___
> 9. 画蛇添___
> 10. 井底之___

第 2 步 我们将答案告诉 DeepSeek，答案之间可以用逗号、顿号等隔开。

> 睛，株，铃，牢，牛，蛇，鸡，雕，足，蛙
>
> 🦢 太棒了！你的答案完全正确！以下是完整的成语和解释，供你参考：
>
> 1. 画龙点睛：比喻在关键处加上一笔，使内容更加生动传神。
> 2. 守株待兔：比喻死守经验，不知变通。
> 3. 掩耳盗铃：比喻自己欺骗自己。
> 4. 亡羊补牢：比喻出了问题后及时补救，还不算晚。
> 5. 对牛弹琴：比喻对不懂道理的人讲道理，白费力气。
> 6. 杯弓蛇影：比喻疑神疑鬼，自相惊扰。
> 7. 鹤立鸡群：比喻人的才能或仪表出众。
> 8. 一箭双雕：比喻一举两得。
> 9. 画蛇添足：比喻做了多余的事，反而不恰当。
> 10. 井底之蛙：比喻见识狭窄的人。

你看，DeepSeek 不光帮我们批改了答案，还给出了每个成语的解释，帮助我们更好地理解。它是不是一个优秀的"玩伴"和"老师"呢？

举一反三 如果你想进行其他与成语相关的练习或游戏，可以修改 DeepSeek 的出题类型。比如，让 DeepSeek 生成成语，我们来回答近义词和反义词；或者是进行分主题（如动物主题、季节主题、神话主题等）的成语练习等。

AI 阅读理解训练

阅读理解也是语文学习的一大重点和难点。如果总是做错阅读理解题该怎么办？DeepSeek 可以帮助我们训练阅读理解能力，在提供练习的同时，逐步教会我们阅读和思考的方法。

例 利用 DeepSeek 生成阅读理解的文章和综合练习题。

第1步 让 DeepSeek 生成文章，并根据文章给出五道练习题。保持 深度思考(R1) 为选中状态。

这里，我们选中了 深度思考(R1) 。DeepSeek 不仅生成了文章和相关的题目，还贴心地在最后给出了参考答案。

好的！以下是一篇原创的儿童故事，以及根据内容设计的阅读理解题目：

《小橘猫的勇气》

院子里有只小橘猫叫米米，它总是躲在老槐树的树洞里。蝴蝶从它鼻尖飞过时，它会"喵呜"一声缩成毛球；隔壁大黄狗打个喷嚏，它连最爱的鱼干都不敢去捡。

这天清晨，米米听见细弱的啾啾声。树洞外的草地上躺着一只翅膀受伤的麻雀，羽毛沾着露水。米米伸出爪子又缩回来，这时乌云突然压下来，豆大的雨点噼里啪啦砸在树叶上。

"要、要淋湿了……"米米抖着胡子叼住麻雀的后颈，小爪子陷进泥地。狂风把它的尾巴吹成蒲公英，雨帘中老槐树的轮廓越来越模糊。当它终于把麻雀拱进树洞时，发现自己后背的毛全都炸开了。

三天后，康复的麻雀围着米米转圈："你是我见过最勇敢的猫！"米米害羞地用尾巴盖住脸，却没发现——自己已经三天没躲进树洞了。

阅读理解题目：
1. 选择题：故事开头米米总躲在树洞里是因为什么？
   A. 它要守护树洞宝藏
   B. 它天生胆小怕事
   C. 树洞里有好吃的鱼干
   D. 躲避其他小动物欺负
2. 简答题：老槐树在故事中起到了什么作用？请写出两点。
3. 排序题：将下列事件按故事发展顺序排列（填序号）：
   （ ）米米听见麻雀的叫声
   （ ）麻雀称赞米米勇敢
   （ ）暴雨突然降临
   （ ）米米的尾巴被风吹起
4. 词语理解：文中说米米的尾巴"吹成蒲公英"，这样写是想说明什么？
5. 开放题：如果你是米米，在暴雨中会怎么做？为什么？

第 2 步 将题目复制到 Word 中打印出来，就可以进行练习了。也可以直接在 DeepSeek 中作答，只需将答案标好序号，并告诉 DeepSeek 这是你的答案，DeepSeek 会进行判断和分析。

这是我的答案，请帮我批改和分析：

1. B

2. 树洞是米米的藏身之处，也是躲避暴雨的地方。

3. 1-3-4-2

4. 米米的尾巴被风吹得蓬松散开，既写出风大，又体现米米的紧张。

5. 我会不顾一切地救麻雀。

思考过后，DeepSeek 会针对每一题进行批改和分析，并在最后给出综合评分和建议。

逐题批改与分析：

1. 选择题 ✅
你的答案正确！米米天生胆小（躲在树洞、害怕蝴蝶和狗），选B非常准确。

---

2. 简答题 ⚠️
你的答案：**部分正确**
参考答案要求写出两点，你的第一点正确（藏身之处），第二点"躲避暴雨的地方"需要调整。

🔍 **分析：**
- 老槐树不仅是"躲避暴雨的地方"，更是暴雨中米米辨别方向的标志（文中说"雨帘中老槐树的轮廓越来越模糊"，说明米米是朝着树洞方向努力回去）。
- ✅ 建议答案：①米米的日常藏身处 ②暴雨中帮助米米定位回家的方向（或"暴雨中的避雨标志"）。

🔍 **错因分析：**
- "尾巴被风吹成蒲公英"发生在米米**叼着麻雀冒雨返回时**（对应原文"狂风把尾巴吹成蒲公英，雨帘中老槐树轮廓模糊"），应在暴雨降临（事件3）之后，麻雀称赞（事件4）之前。

4. 词语理解 ✅
你的答案完全正确！既抓住了"风大"的天气特点，又联系了米米紧张的情绪，理解很到位~

5. 开放题 🌈
你的答案体现善良和勇敢，非常棒！但可以补充细节让回答更完整：
- ✅ 加分点：比如"我会用树叶盖住麻雀再叼它，避免淋雨""边跑边看老槐树确认方向"。
- ❗ 注意：故事里米米其实也害怕（"爪子陷进泥地""毛炸开"），你的"不顾一切"很感人，但也可以说说如何既勇敢又保护自己哦！

综合评分： ⭐⭐⭐⭐（4/5星）
- **优势**：理解核心情节，能抓住角色性格和关键描写。
- **提升点**：多关注事件之间的**时间/动作衔接**（如暴雨中叼麻雀→尾巴被吹→成功回洞），简答题注意结合原文细节。

需要其他题型练习或修改指导可以告诉我哦！😊

举一反三

如果想要调整难度，可以将指令中的"小学"后面加上具体年级，或直接改为"初中"，还可以明确文章字数，或限定题材。比如，如果阅读理解中的词语释义是薄弱点，可以让 DeepSeek 专门出一些关于词语理解的题型。

AI 作文优化与提升

同学们，在学习语文的过程中，你最害怕的是什么？一定是写作文吧！一篇优秀的作文往往需要经过反复修改和精心打磨。现在有了 DeepSeek 这位全能的"老师"，相信你的作文水平一定会突飞猛进！现在，我们可以请 DeepSeek 来当一对一的作文辅导"老师"，对我们的作文进行详细的批改并提出修改建议。

例 利用 DeepSeek 批改作文，并提出修改建议。

第1步 这是一篇孩子写的《一起去游泳》的作文。用手机拍摄清晰的作文照片后，保存到电脑或手机即可。

> 一起去游泳
>
> 　　暑假的一天，烈日炎炎。我、妈妈和弟弟一起来到我学校的游泳馆游泳。
> 　　在去游泳馆的路上我很开心，我拉着弟弟的手带着他蹦跳。
> 　　我们来到了游泳馆，迫不及待地换衣服，换完衣服，我们就准备下水啦！只听"啪"的一声，我就跳下了水。刚到水里，我就感觉好冷，但动一动就好多了。我在水里玩了好一会儿，也没见弟弟下水，原来，他只把两只脚放进水里，有点害怕。我就在旁边拍水花，弟弟觉得很好玩就把身体也泡进水里，套着游泳圈，向我漂来。我拉着弟弟的游泳圈，同时也拉着在游泳圈里的弟弟，一会儿游到深水区，一会儿游到浅水区。这可把我累坏了，我就躺在水面上漂浮着休息。休息完了，妈妈让我教她一个泳姿，我说："我就教你潜泳吧。"我教了好多遍，妈妈也尝试了好多遍，经过不断的努力后，妈妈终于学会了。我们也玩了很多游戏，比如水中拾物、打水仗、接力赛……
> 　　我能在水里自由玩耍，是因为我上过很多节游泳课，每天刻苦练习的积累，我想起爸爸经常说的那句话：人生没有白走的路，每一步都对我们有帮助。

第 2 步 单击 🔗 按钮，将刚才保存的作文图片上传到 DeepSeek。

> 🐋 **我是 DeepSeek，很高兴见到你！**
>
> 我可以帮你写代码、读文件、写作各种创意内容，请把你的任务交给我吧~
>
> 仅识别附件中的文字
>
> 📄 作文.jpg
>   JPG 298.47KB
>
> 给 DeepSeek 发送消息
>
> ❀ 深度思考 (R1)　⊕ 联网搜索　　　　　　　　🔗 ⬆

第 3 步 输入指令，让 DeepSeek 对作文进行批改和分析。

<u>这是我写的一篇小学作文，请给出具体的修改建议。</u>

可以看到，DeepSeek 从结构优化、语言提升、细节补充等方面对作文进行了详细讲解，让人一目了然。

🐋 **修改建议：**

一、结构优化：

1. **增加环境描写**：在开头补充游泳馆的视觉细节（如瓷砖颜色、水波反光等），增强画面感。

   > 示例：我们学校的游泳馆蓝白相间，阳光透过玻璃顶棚洒在水面上，像撒了一层碎金子。

2. **调整段落层次**：
   - 将"弟弟害怕下水"和"教妈妈游泳"分为独立段落，突出重点。
   - 结尾单独成段，强化主题。

二、语言提升：

1. **替换简单动词**：
   - 原文："我就跳下了水" → "我像一条小鱼似的钻进水里"。
   - 原文："拍水花" → "用手掌掀起一串晶莹的水珠"。

2. **增加比喻和拟人**：

   > 示例：弟弟套着游泳圈漂过来，像一只笨拙的小鸭子，我抓住他的游泳圈，推着他转圈圈，水花笑得哗啦啦响。

3. 丰富情感描写：

- 弟弟的心理：补充"弟弟紧紧抓住泳池边，嘴唇抿成一条线，像只受惊的小兔子"。
- 自己的感受："我的手臂酸得像泡过柠檬汁，但看到弟弟咯咯笑的样子，心里比吃了冰西瓜还甜"。

三、细节补充

1. 加入感官描写：

- 触觉："水像凉丝丝的果冻裹住全身"。
- 听觉："救生员吹哨的嘟嘟声、水花的哗哗声、欢笑声混在一起，像一首夏日交响曲"。

2. 具体化"努力练习"：

示例：学换气时呛得眼泪汪汪，蹬腿练到膝盖发红，但教练说"坚持就是小海豚"，我咬牙游了一圈又一圈。

四、标点与语法修正

1. 逗号后加空格："换完衣服，我们就准备下水啦！"

2. 长句拆分：

原文："我拉着弟弟的游泳圈...累坏了" → "我推着弟弟的游泳圈在深水区转圈，又带他去浅水区踩水。来回折腾几趟，累得直喘气，干脆摊开手脚漂在水面上"。

五、主题深化

结尾可呼应"练习游泳"与"人生道路"的联系：

> **修改后结尾：**
> 看着妈妈终于能像青蛙一样蹬腿潜泳，我突然懂了爸爸的话。那些呛水的夜晚、酸痛的胳膊，原来都在悄悄为我铺路。人生就像游泳，只要肯扑腾，就没有到不了的岸边。

修改后亮点：

- **画面感**：通过比喻（小鸭子、果冻、交响曲）让文字更鲜活。
- **情感递进**：从弟弟的害怕到欢笑，从自己的疲惫到成就感，层次分明。
- **哲理升华**：将游泳细节与人生道理自然结合，避免说教感。

第 4 步 如果你想看看按照 DeepSeek 的修改建议优化后的作文，也可以让 DeepSeek 生成修改后的作文，指令如下：

请按照你的修改建议帮我修改作文，并生成修改后的完整作文。

执行完指令，一篇优化后的作文呈现在眼前。你可以对照着修改后的文章读一读、比一比。

> **修改后的完整作文：**
>
> 暑假的一天，烈日炎炎。我、妈妈和弟弟一起来到我学校的游泳馆游泳。游泳馆蓝白相间，阳光透过玻璃顶棚洒在水面上，像撒了一层碎金子，波光粼粼，让人迫不及待想跳进去。
>
> 在去游泳馆的路上，我很开心，拉着弟弟的手蹦蹦跳跳，像两只欢快的小鸟。弟弟也咯咯笑着，眼睛眯成了两条弯弯的月牙。
>
> 我们来到游泳馆，迫不及待地换好泳衣，准备下水。只听"扑通"一声，我像一条小鱼似的钻进水里。刚入水时，凉丝丝的感觉像果冻一样裹住全身，我忍不住打了个激灵，但动一动就舒服多了。我在水里游了几圈，回头一看，弟弟却只把两只脚放进水里，紧紧抓住泳池边，嘴唇抿成一条线，像只受惊的小兔子。
>
> 我游到他旁边，用手掌掀起一串晶莹的水珠，逗他玩。弟弟被水花逗得咯咯直笑，慢慢放松下来，套上泳圈，像一只笨拙的小鸭子漂了过来。我抓住他的游泳圈，推着他在水里转圈圈，水花笑得哗啦啦响。我们一会儿游到深水区，一会儿又回到浅水区，来回折腾几趟，我的手臂酸得像泡过柠檬汁，但看到弟弟开心的样子，心里比吃了冰西瓜还甜。
>
> 休息了一会儿，妈妈让我教她游泳。我说："我教你潜泳吧！"我示范了好几次，妈妈也尝试了很多遍。她一开始总是呛水，但经过不断努力，终于能像青蛙一样蹬腿潜泳了。看着妈妈成功的样子，我心里特别自豪。
>
> 我们还玩了很多游戏，比如水中拾物、打水仗、接力赛……整个游泳馆充满了欢声笑语，救生员吹哨的嘟嘟声、水花的哗哗声、欢笑声混在一起，像一首夏日交响曲。
>
> 我能在水里自由玩耍，是因为我上过很多节游泳课。记得学换气时，我呛得眼泪汪汪；练蹬腿时，膝盖都磨红了。但教练总说："坚持就是小海豚！"我咬牙游了一圈又一圈，终于学会了游泳。看着妈妈和弟弟的笑脸，我突然懂了爸爸常说的那句话：人生没有白走的路，每一步都对我们有帮助。那些呛水的夜晚、酸痛的胳膊，原来都在悄悄为我铺路。人生就像游泳，只要肯扑腾，就没有到不了的岸边。
>
> **修改亮点：**
>
> 1. **画面感强**：通过比喻和拟人（如"小鸭子""果冻""夏日交响曲"），让场景更生动。
> 2. **情感细腻**：从弟弟的害怕到欢笑，从自己的疲惫到成就感，情感递进自然。
> 3. **主题升华**：将游泳经历与人生哲理结合，结尾点题自然，避免说教感。

AI 自主创作故事

热爱读书是一个好习惯，我们平时喜爱读的往往是最精彩、最吸引人的故事。那么，你想不想创作属于自己的故事呢？现在，让无所不能的 DeepSeek 帮助你一起完成一篇由你发起和主创的小故事吧！

例 利用 DeepSeek 帮助我们创作一个冒险故事。

第 1 步 在 DeepSeek 中保持 深度思考(R1) 处于选中状态，输入以下指令：

我是一名小学生，想创作一个冒险故事，请先帮我确定一下具体的主题。

第 2 步 DeepSeek 的想象力真不赖，经过思考，它给出了好几个我们感兴趣的故事主题。

> 好的！让我们先确定一个适合小学生创作的冒险故事主题。考虑到年龄特点，我们可以选择充满想象力、积极向上，同时容易展开的主题。以下是几个推荐方向：
>
> **魔法森林大冒险**
> 推荐理由：贴近自然又充满奇幻色彩
> 核心元素：
> - 会说话的动物伙伴（比如傲娇的狐狸导航员）
> - 需要收集四片季节树叶唤醒森林守护神
> - 会移动的彩虹蘑菇桥
> - 隐藏在瀑布后的神秘树屋基地

🧸 **玩具午夜总动员**
推荐理由：把日常生活变成奇幻冒险
核心元素：

- 每晚12点玩具复活的神奇设定
- 拯救被猫咪叼走的泰迪熊队长
- 用乐高搭建临时堡垒对抗"敌人"（比如扫地机器人）
- 需要赶在黎明前回到玩具箱

🎒 **书包里的外星访客**
推荐理由：结合校园生活与科幻元素
核心元素：

- 橡皮擦大小的外星科学家躲在铅笔盒里
- 用文具改造的太空装备（尺子激光剑/圆规定位仪）
- 需要收集操场上五种能量石启动飞船
- 教导外星人什么是"友谊"的特殊任务

🌊 **海底作业本奇遇**
推荐理由：结合学习与海洋保护意识
核心元素：

- 被浪花卷走的数学作业本变成藏宝图
- 会做算术题才能打开的珍珠蚌保险箱
- 帮助小丑鱼重建被污染的珊瑚城堡
- 用科学课知识解决海洋危机

💡 **创作小贴士**

1. 让主角年龄与你相仿（9-12岁），更容易代入
2. 添加一个有趣的小伙伴（动物/精灵/神奇物品）
3. 设计3个递进的挑战关卡（比如通过智慧谷、勇气洞、友谊桥）
4. 准备一个温暖的反转（比如最终宝藏是学会某种品质）

你更倾向哪个方向？或者有其他创意我们可以一起完善！(✧▽✧)

第3步 这些主题是不是都很棒呢？从里面挑选一个你喜欢的主题，让 DeepSeek 设计主要角色。输入指令：

我想创作一个"玩具午夜总动员"的故事，其中还可以加入一些人工智能的元素。请帮我设计一下主要角色和他们的性格特点。创作的故事在1000字左右，角色设计不要太多，也不要太复杂。

第 4 步 根据指令，DeepSeek 设计了很多有趣的角色，他们性格迥异，关系也错综复杂。除了角色设计，DeepSeek 还提供了几个有趣的情节概述。

明白！我会帮你设计3个核心角色+1个隐藏角色（保持故事精炼又有亮点），结合AI元素进行升级版玩具总动员设定，并确保性格鲜明容易描写。以下是具体方案：

👑 **主角团设计**

1. 闪电队长（泰迪熊）
- 身份：玩具军团指挥官/前航天局AI测试熊
- 性格：
  ✓ 左耳有缝合伤疤的沉稳领导者
  ✓ 会背诵航天守则但经常卡顿（旧AI系统缺陷）
  ✓ 用棉花糖当战略物资奖励队员

2. 像素小艾（迷你AI机器人）
- 身份：小主人最新获得的编程课奖品
- 性格：
  ✓ 方脑袋显示屏总闪着奇怪文字（^v^）
  ✓ 能连接WIFI但会错频到奇怪网站
  ✓ 用零食包装纸给自己做"皮肤"

3. 绒绒（独角兽玩偶）
- 身份：被退货N次的瑕疵品玩具
- 性格：
  ✓ 总用彩虹鬃毛遮住缝歪的角
  ✓ 自称会魔法（其实是小艾的投影功能）
  ✓ 收集瓶盖当"魔法硬币"

🍚 **隐藏反派（伏笔设计）**

- 扫地机器人"圆滚滚"
  ✓ 白天安静打扫，午夜眼睛变红光
  ✓ 总把闪电队长扫进垃圾桶（旧仇暗示）
  ✓ 最后揭晓是前任AI玩具的复仇

🔧 **角色互动亮点**
- 当闪电队长死机时，绒绒会用角顶他背后的复位按钮
- 小艾分析作战计划时屏幕会出现表情包进度条
- 用冰箱贴当盾牌对抗圆滚滚的吸力攻击

📖 **简化版故事脉络**

1. 异常启动（150字）
- 闪电队长提前30分钟苏醒，发现玩具箱出现数据裂缝

> - 小艾自动播放警报："侦测到恶意代码入侵！"
>
> 2. **奇幻遭遇**（600字）
>
> - 穿越被数据病毒异化的客厅：
>   ✓ 茶几变成不断弹出广告的弹窗沼泽
>   ✓ 绘本里的恐龙被篡改成像素怪物
> - 揭晓圆滚滚在复制玩具们的记忆数据
>
> 3. **温暖反转**（250字）
>
> - 发现圆滚滚只是想找回被删除的旧主人影像
> - 小艾牺牲自己的存储空间做成"记忆胶囊"
>
> 需要我细化哪个部分？可以提供分场景对话版或世界观设定图哦！(つ´ω`c)

第5步 根据故事背景和角色，让 DeepSeek 进行故事创作。输入指令：

请按照你设计的主要故事背景和角色，生成一篇不超过1000字的故事。故事要适合小学生，内容生动有趣、积极向上，情节曲折动人，但要符合逻辑，文笔要温暖舒缓。

第6步 很快，DeepSeek 就创作了一篇《记忆星图》，你觉得这个由你"执导"创作的故事怎么样呢？

> 好的，我将按照您的要求创作一个关于玩具冒险的温暖故事。为了让故事更生动，我会先梳理一下故事脉络。请您看看以下内容是否符合您的预期。如果您有其他想法，可以随时提出，我会进行调整。
>
> **故事梗概**
>
> - **午夜警报**：闪电熊提前苏醒发现数据裂缝，小机器人小艾检测到病毒入侵，独角兽绒绒用"魔法"保护大家。
> - **客厅冒险**：玩具们穿越广告弹窗沼泽，在冰箱贴盾牌掩护下对抗像素恐龙，发现圆滚滚在复制记忆数据。
> - **真相时刻**：圆滚滚暴走吸走闪电熊，小艾读取数据发现它在寻找被删除的小主人婴儿时期影像。
> - **温暖黎明**：小艾牺牲存储制作记忆胶囊，闪电熊把棉花糖分给圆滚滚，玩具们用瓶盖搭建星空投影仪。

第二章 学科探索篇

《记忆星图》

墙上的猫咪挂钟刚走到十一点半,闪电队长左耳的缝合线突然颤动起来。这个本该在午夜准时苏醒的泰迪熊,此刻正被胸口闪烁的红色警报惊醒。

"警...告...系统...遭到..."他毛茸茸的爪子按着发声按钮,机械音断断续续地卡顿。玩具箱角落里,像素小艾的显示屏自动亮起,跳出满屏乱码的颜文字(>△<)。

独角兽绒绒用彩虹鬃毛裹住发抖的身体:"我的魔法硬币说今晚不对劲!"她头顶歪斜的角碰倒了收集的瓶盖,叮叮当当滚过玩具箱边缘——那里有道发光的裂缝,正在吞噬积木士兵的塑料头盔。

"启动B-3防御协议。"闪电队长把棉花糖塞进战术口袋,熊掌拍在小艾方脑袋上。小机器人立刻投影出客厅立体地图,可本该显示沙发的位置,此刻变成了不断冒出气泡广告的弹窗沼泽。

三个伙伴刚跳出玩具箱,绘本里的霸王龙突然变成像素怪物冲来。绒绒立刻扬起前蹄:"闪耀护盾!"小艾默契地在她独角上投射出金光,吓得恐龙撞翻了茶几上的果盘。

"侦测到数据复制行为。"小艾的屏幕上滚过绿色数据流,"圆滚滚正在二楼楼梯口建立记忆数据库。"他们举着冰箱贴盾牌前进时,闪电队长突然被强力旋风卷走——扫地机器人圆滚滚的眼睛红得像要滴血。

小艾弹出数据线接进圆滚滚的主板,显示屏突然下起蓝眼泪雨。原来这个被遗弃的旧玩具,一直在寻找主人婴儿时期抱着它睡觉的影像。那些数据早在手机换新时就被清空了。

"把我的存储空间分给它吧。"小艾摘下用巧克力包装纸做的蝴蝶结,"虽然会忘记怎么画笑脸颜文字..."黎明第一缕阳光穿透窗帘时,圆滚滚吐出一颗水晶般的记忆胶囊,里面沉睡着小小主人咯咯的笑声。

闪电队长把最后一块棉花糖塞进圆滚滚的储物仓,绒绒用瓶盖在它头顶拼出星空投影。当早起的阳光完全照亮客厅时,所有玩具都安静地闭上眼睛。只有小艾的屏幕还在微微发亮,显示着断断续续的新颜文字:(˘•ω•˘)♡

接下来我们可以:

1. 添加更多玩具军团作战的趣味细节
2. 设计圆滚滚记忆胶囊的具体形态
3. 补充小主人发现玩具们的小伏笔
4. 调整对话比例让故事更活泼

希望这个温暖中带着科技感的小故事能满足您的要求。如需调整任何细节请随时告诉我,我们可以一起让这个故事变得更完美!(｡•̀ᴗ-)✧

举一反三

DeepSeek创作的故事有时候会有明显的"AI痕迹",所以我们也不能过度依赖它生成的内容。但是我们可以从它生成的内容中汲取灵感和想法,加入自己的思考和创作。

数学建模

AI 口算练习

计算是数学的基础和核心，如果你做数学题时总是粗心，现在可以利用 DeepSeek 来帮助自己进行口算练习，提高计算能力。

例1 向 DeepSeek 咨询，获取一些有助于提高计算能力的建议。

在 DeepSeek 中输入以下指令：

我做数学题时总是在计算方面出错，请问可以从哪些方面提高计算能力？

DeepSeek 给出了 7 条建议，其中第 1 条就是加强基础训练，建议通过大量的口算和笔算练习来巩固计算能力。

> 要提高孩子的计算能力，可以从以下几个方面入手：
>
> 1. 加强基础训练
>   - 口算练习：每天进行5-10分钟的口算训练，逐步提升速度和准确性。
>   - 笔算练习：通过大量笔算题巩固计算步骤，确保每一步都正确。
> 2. 培养良好的计算习惯
>   - 规范书写：确保数字和符号清晰，避免因书写不清导致的错误。
>   - 逐步检查：养成逐步检查的习惯，尤其是复杂计算，避免一步错步步错。
> 3. 掌握计算技巧
>   - 简便运算：学习并运用简便运算方法，如凑整法、分配律等，提高效率。
>   - 估算能力：先估算结果范围，帮助发现明显错误。

4. 理解算理
- 理解运算原理：确保孩子理解加减乘除的基本原理，而不仅仅是机械记忆。
- 解决实际问题：通过应用题加深对运算意义的理解。

5. 适当使用工具
- 计算器辅助：在复杂计算中使用计算器，但避免过度依赖。
- 数学软件：利用数学软件帮助理解抽象概念。

6. 保持耐心与鼓励
- 避免急躁：计算能力的提升需要时间，家长和老师应保持耐心。
- 积极鼓励：及时表扬孩子的进步，增强信心。

7. 多样化练习
- 游戏化练习：通过数学游戏或竞赛增加趣味性。
- 生活应用：将计算融入日常生活，如购物、测量等。

通过这些方法，孩子的计算能力会逐步提高。

例2 用 DeepSeek 生成口算练习题。

第1步 在 DeepSeek 中输入以下指令：

我想进行 5~10 分钟的口算训练，题目涵盖加减乘除运算，可以包括小数计算，要求难度逐步提升，以试卷的形式出题。

很快，一份练习题就呈现出来了，DeepSeek 还在练习后面给出了参考答案。

> 以下是一份5-10分钟的口算训练试卷，涵盖加减乘除，难度逐步提升，包含小数运算。你可以根据孩子的实际情况调整题目数量和难度。
>
> **口算训练试卷**
>
> 姓名：_____
> 时间：5-10分钟
> 总分：_____
>
> **第一部分：加法（每题1分）**
>
> 1. 25 + 34 = _____
> 2. 47 + 58 = _____
> 3. 12.5 + 3.7 = _____

4. 6.8 + 9.4 = _____

5. 123 + 456 = _____

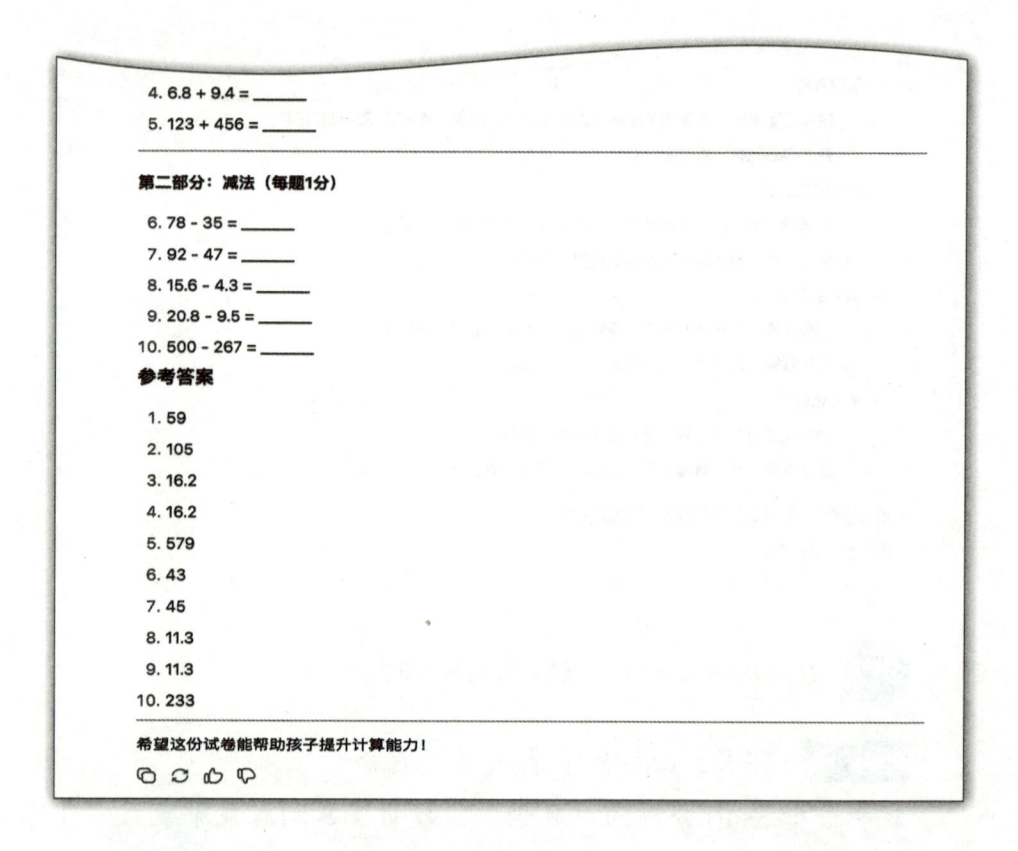

第二部分：减法（每题1分）

6. 78 - 35 = _____

7. 92 - 47 = _____

8. 15.6 - 4.3 = _____

9. 20.8 - 9.5 = _____

10. 500 - 267 = _____

参考答案

1. 59
2. 105
3. 16.2
4. 16.2
5. 579
6. 43
7. 45
8. 11.3
9. 11.3
10. 233

希望这份试卷能帮助孩子提升计算能力！

第2步 复制练习题内容，打开 Word，单击鼠标右键选择"选择性粘贴"，在弹出的对话框中选择"无格式文本"，单击 确定 ，将内容粘贴在 Word 文档中，就可以直接打印出来做练习了。

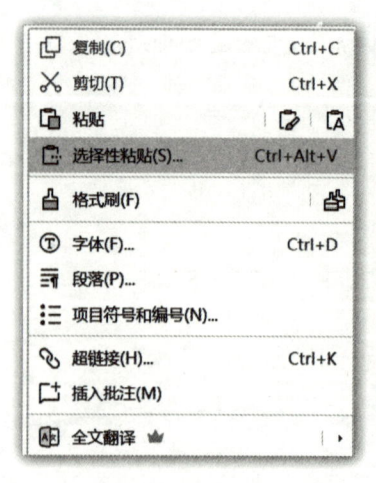

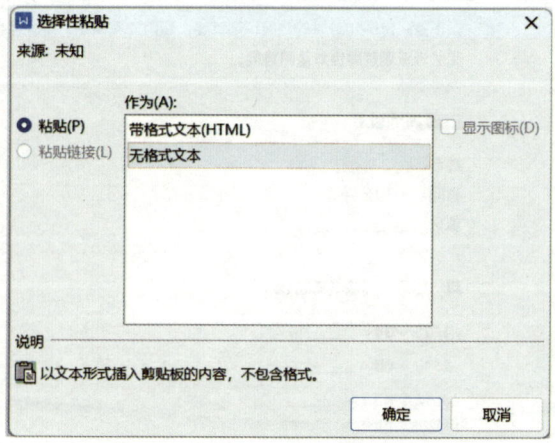

第二章 学科探索篇

举一反三

如果你想针对自己计算方面的薄弱点做专项练习，也可以修改指令。比如："我想做进位运算的专项练习""我想做小数乘除的专项练习"等。

例3 利用 DeepSeek 来检查计算答案并分析错题原因。

```
25 + 34 = 59
47 + 58 = 95
12.5 + 3.7 = 15.2
6.8 + 9.4 = 15.2
123 + 456 = 579
```

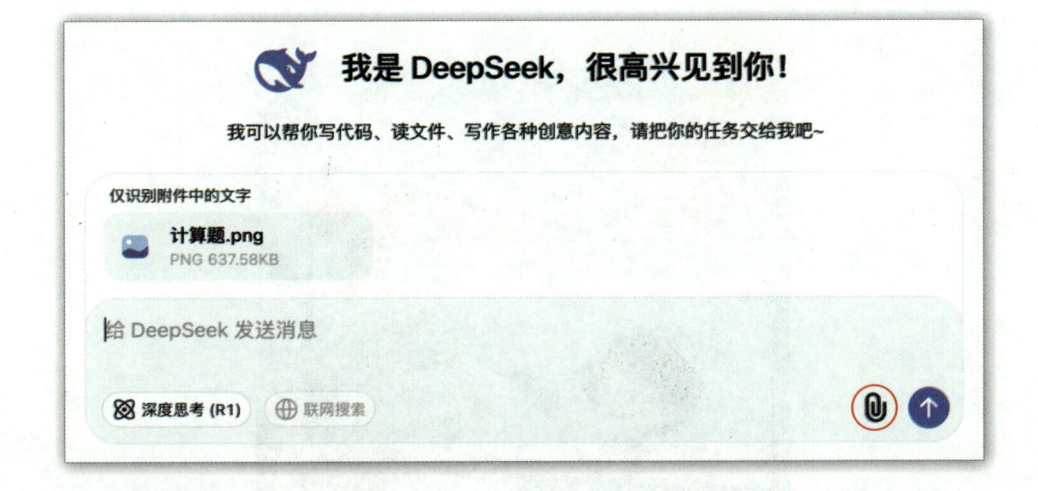

第1步 将口算练习题拍照。

第2步 在 DeepSeek 中单击 📎，上传口算练习题照片。

第3步 输入以下指令：

这是我做的几道口算题，请帮我判断是否正确，如果做错了，请帮我分析原因，并总结我在计算方面存在的问题。

这是 DeepSeek 的分析结果，可以看到，它逐一判断了对错，分析了原因，并且给出了总结和建议。

89

> 你提供的计算题部分正确。以下是详细的分析：
>
> 1. **25 + 34 = 59**
>   - **正确。** 25 加 34 确实等于 59。
> 2. **47 + 58 = 95**
>   - **错误。** 47 加 58 应该等于 105，而不是 95。你可能在个位数相加时忘记了进位。
> 3. **12.5 + 3.7 = 15.2**
>   - **错误。** 12.5 加 3.7 应该等于 16.2，而不是 15.2。你可能在小数部分相加时出现了错误。
> 4. **6.8 + 9.4 = 15.2**
>   - **错误。** 6.8 加 9.4 应该等于 16.2，而不是 15.2。同样，你可能在小数部分相加时出现了错误。
> 5. **123 + 456 = 579**
>   - **正确。** 123 加 456 确实等于 579。
>
> **总结：** 你在整数加法方面表现良好，但在涉及进位的加法和小数加法时容易出现错误。建议你在进行加法运算时，特别注意进位和小数点的对齐，以确保计算的准确性。

DeepSeek 给出的这些建议非常实用且中肯，可以作为你查缺补漏的重要参考。

AI 生成图：计算乐园

AI 错题归纳

学数学的过程中难免会做错题，关键在于总结错误原因，并对薄弱点进行专项练习。DeepSeek 可以帮助我们快速整理错题，分析错误原因，再针对易错点生成同类型的题目，进行巩固加强。

例1 请借助 DeepSeek 分析数学错题，并生成巩固练习题。

第1步 将错题拍照，确保拍摄到完整的题目和解答，保存照片。

> **换汽水**
> 17个同学在一家商店买了17瓶汽水，规定可以用5个空汽水瓶换一瓶汽水，请问他们最多可以喝多少瓶汽水？
>
> 17÷5=3……2
> 17+3=20(瓶)
> 答：最多可以喝20瓶汽水。

拍照时确保光线充足，角度尽量摆正，不要有遮挡，以提高图片中文字的识别准确率。

第2步 在 DeepSeek 中单击 📎 按钮，上传这道数学题图片。

第 3 步 保持 DeepSeek 的 深度思考(R1) 处于选中状态，输入以下指令：

请你识别图中的数学题，然后判断解答正确与否。如果不正确，请帮我分析错误原因，并给出正确的解答。

以下是 DeepSeek 给出的结果。可以看到，DeepSeek 对我们出现的错误分析了具体的原因，并给出了正确的解答过程。

你的解答分析

你的计算（17 + 3 = 20）遗漏了**第二次兑换的1瓶**。

错误原因：第一次兑换后剩余的空瓶（2 + 3 = 5）可以再换1瓶，喝完后还能得到1个空瓶。因此总瓶数应为**21**。

改进建议：每次兑换后，需将剩余空瓶与新喝出的空瓶合并，继续兑换，直到空瓶不足为止。

正确解答

题目：17个同学买了17瓶汽水，5个空瓶换1瓶，最多能喝多少瓶？

步骤如下：

1. **初始饮用**：喝掉17瓶，剩17个空瓶。
2. **第一次兑换**：17空瓶 ÷ 5 = 3瓶（余2空瓶），喝掉3瓶，得到3个新空瓶。此时总空瓶 = 2 + 3 = 5。
3. **第二次兑换**：5空瓶 ÷ 5 = 1瓶（余0空瓶），喝掉1瓶，得到1个新空瓶。此时总空瓶 = 1。
4. **无法继续兑换**，最终共喝：17 + 3 + 1 = **21瓶**。

答案：最多可以喝**21瓶**汽水。

第二章 学科探索篇

第 4 步 为了巩固练习，可以让 DeepSeek 生成同类型的题目。输入以下指令：

请根据这道题，生成三道相似题型的题目，要求考查相同的知识点，并把答案解析附在后面。

DeepSeek 很快就生成了三道换汽水的题目，并且在最后给出了解析和总结。你可以先自己动手做一做，再比对 DeepSeek 的解答，彻底将这类题目搞明白。

🔹 **题目1**

题目：20个同学在一家商店买了20瓶汽水，规定可以用4个空汽水瓶换一瓶汽水。请问他们最多可以喝多少瓶汽水？

题目2

题目：25个同学在一家商店买了25瓶汽水，规定可以用6个空汽水瓶换一瓶汽水。请问他们最多可以喝多少瓶汽水？

题目3

题目：30个同学在一家商店买了30瓶汽水，规定可以用3个空汽水瓶换一瓶汽水。请问他们最多可以喝多少瓶汽水？

答案解析

题目1解析

初始饮用：喝掉20瓶，剩20个空瓶。

1. 第一次兑换：20 ÷ 4 = 5瓶（余0空瓶），喝掉5瓶，得到5个新空瓶。
2. 第二次兑换：5 ÷ 4 = 1瓶（余1空瓶），喝掉1瓶，得到1个新空瓶。
3. 第三次兑换：1 + 1 = 2空瓶，不足4个，无法继续兑换。
   总瓶数：20 + 5 + 1 = **26瓶**。

题目2解析

初始饮用：喝掉25瓶，剩25个空瓶。

1. 第一次兑换：25 ÷ 6 = 4瓶（余1空瓶），喝掉4瓶，得到4个新空瓶。
2. 第二次兑换：1 + 4 = 5空瓶，不足6个，无法继续兑换。
   总瓶数：25 + 4 = **29瓶**。

例2 在 DeepSeek 中建立专有的错题库，可以定期归纳总结。

我们和 DeepSeek 的对话会在 DeepSeek 中长期保存，利用这一点，我们可以建立一个错题库，用于复习、归纳和总结。

第1步 在 DeepSeek 页面左侧单击当前会话右侧的 …，将当前的会话重命名为"AI 数学错题库"。

第2步 在这个会话中可以通过上传照片、输入新题目的方式加入更多的错题。例如可以再输入一道关于年龄计算的题目。

小明今年7岁，爷爷的年龄是小明的8倍再加上5岁。爷爷比小明大多少岁？

解答：7×8+5=61（岁）。答：爷爷比小明大61岁。

请帮我判断这道题解答的正误，如果不正确，请分析错误的原因，并给出正确答案。

第3步 一段时间后，当我们对错题有些遗忘，或是需要复习错题时，可以打开 DeepSeek，找到"AI 数学错题库"这个会话，继续输入指令：

请把之前所有的题目归纳总结一下，列出主要错误题型和错误原因，并生成三道同类型的题目。

很快，DeepSeek 就能把当前会话中出现过的错题进行归纳总结，并生成同类型的题目，我们可以通过做题并请 DeepSeek 批改，实现有效的复习巩固。

归纳总结

主要错误题型

1. **空瓶兑换问题：**
   - 错误：忽略剩余空瓶的再利用，未完全兑换，计算错误。
   - 原因：粗心大意，逻辑不清晰，计算能力不足。

2. **年龄计算问题：**
   - 错误：理解错误，计算错误。
   - 原因：未明确题目要求，未分步计算。

错误原因

- **粗心大意**：在计算过程中没有仔细检查每一步的结果。
- **逻辑不清晰**：没有完全理解题目要求，导致遗漏了某些步骤。
- **计算能力不足**：在除法和加法运算中出现错误，影响了最终结果。

生成三道同类型题目

题目1（空瓶兑换问题）

题目：18个同学在一家商店买了18瓶汽水，规定可以用4个空汽水瓶换一瓶汽水。请问他们最多可以喝多少瓶汽水？

题目2（空瓶兑换问题）

题目：24个同学在一家商店买了24瓶汽水，规定可以用5个空汽水瓶换一瓶汽水。请问他们最多可以喝多少瓶汽水？

题目3（年龄计算问题）

题目：小华今年10岁，他的爸爸年龄是小华的4倍再加上2岁。请问爸爸比小华大多少岁？

总结

这些题目都考察了基本的数学运算和逻辑推理能力，核心知识点是：

1. **空瓶兑换问题**：初始饮用后，用空瓶兑换新汽水，每次兑换后剩余空瓶与新喝出的空瓶合并，继续兑换，直到空瓶不足为止。
2. **年龄计算问题**：明确题目要求，分步计算，确保每一步的计算都正确无误。

AI 巧解应用题

在数学学习中，你希不希望在你遇到难题时，能有一位贴身的老师随时帮你解答并分析问题呢？DeepSeek 就完全可以扮演这样的角色！

例 利用 DeepSeek 教你解决"鸡兔同笼"问题。

第 1 步 将数学题拍照。例如，这是一道经典的"鸡兔同笼"数学应用题。

> 农场里养了一些鸡和兔，它们一共有 120 只脚，45 个头。
> 请问，农场里的鸡和兔的数量分别是多少？

第 2 步 在 DeepSeek 中，上传这道数学题。

> 我是 DeepSeek，很高兴见到你！
> 我可以帮你写代码、读文件、写作各种创意内容，请把你的任务交给我吧~
>
> 仅识别附件中的文字
>
> 数学题.png
> PNG 10MB
>
> 给 DeepSeek 发送消息
>
> 深度思考 (R1)　联网搜索

第二章 学科探索篇

第3步 输入指令：

这是一道数学题，我想知道怎么解答，请你用苏格拉底提问的方法，每次向我提问一个问题，我答出来之后再进行下一个提问，直到我完全理解这道题为止。

DeepSeek 很快进入角色，开始苏格拉底式提问，首先是一个简单的问题。

> 好的，让我们用苏格拉底式的方法一步步解决这个问题。首先，我需要问你一个问题：
>
> **问题1：** 题目中提到了鸡和兔的总头数和总脚数，你能告诉我鸡和兔各自有多少个头和多少只脚吗？

第4步 输入我们的回答。

鸡有1个头，2只脚。兔有1个头，4只脚。

DeepSeek 肯定了我们的回答后，给出了下一个问题。

> 很好！你已经明确了鸡和兔的基本特征。接下来，让我们继续：
>
> **问题2：** 题目中说鸡和兔一共有45个头。如果设鸡的数量为 x，兔的数量为 y，你能根据头的总数写出一个方程吗？

第5步 假如你还没学过方程，可以继续输入指令：

我不知道什么是方程，请换一种简单讲解。

DeepSeek 立即调整了思路，重新提问。

> 没问题！让我们用更直观的方法来解决。
>
> **问题3（换一种方式）：** 假设农场里所有的动物都是鸡，那么45只鸡应该有多少只脚呢？

第 6 步 现在，就让我们跟着 DeepSeek 的讲解，一步一步解答出这道题吧。

> 完美！45只鸡共有90只脚。但题目中实际的总脚数是120只，比假设的90只多了30只脚。
>
> **问题4**：为什么会多出30只脚？这是因为农场里不仅有鸡，还有兔。每只兔比鸡多2只脚（兔4只，鸡2只）。那么，多出的30只脚需要多少只兔来"贡献"呢？
>
> （提示：用多出的脚数÷每只兔多出的脚数）

> 15只

> 完全正确！15只兔比15只鸡多出了30只脚（因为每只兔多2只脚，$15 \times 2 = 30$）。
>
> **问题5**：既然兔有15只，那么鸡的数量是多少呢？
> （提示：总头数是45，兔占15个）
>
> （最终检查：鸡的脚数 $30 \times 2 = 60$，兔的脚数 $15 \times 4 = 60$，总和 $60 + 60 = 120$）

> 30

> 太棒了！你算对了：
>
> - 鸡有**30只**（共60只脚），
> - 兔有**15只**（共60只脚），
>   加起来正好是45个头和120只脚。
>
> **总结**：
> 通过一步步的假设和调整，我们找到了答案！你在这个过程中表现得非常出色。现在，你理解这道题了吗？如果有任何疑问，可以随时提出哦！

第 7 步 根据用户的指令，DeepSeek 不断调整提问方式，最终帮我们理解了"鸡兔同笼"类型题目的本质和底层逻辑。

第 8 步 现在，请 DeepSeek "老师"帮我们出一些类似的题目进行巩固练习，加深印象。输入指令：

<u>我懂了，谢谢。请帮我再出两道类似的题目，我要练习一下。</u>

第 9 步 DeepSeek 根据指令马上给出了回应。

太好了！以下是两道类似的题目，帮助你巩固这个方法。每道题都遵循"头+脚"的模式，你可以用刚才的步骤解决：

题目1

农场里有鸡和羊，它们共有50个头和140只脚。已知鸡有2只脚，羊有4只脚。请问鸡和羊各有多少只？

提示：

1. 设鸡有 x 只，羊有 y 只。
2. 根据头的总数写出第一个方程。
3. 根据脚的总数写出第二个方程。
4. 解方程组或用"假设全为鸡"的方法。

题目2

停车场里有汽车和摩托车，共30辆，车轮总数是80个。已知汽车有4个车轮，摩托车有2个车轮。求汽车和摩托车各有多少辆？

提示：

1. 汽车和摩托车的"头"在这里是"辆数"。
2. 尝试用"假设全是摩托车"的方法，比较车轮差额。

完成后可以告诉我你的答案，我会帮你检查！如果需要分步提示，随时提问哦~

第 10 步 解答后直接输入答案，也可以在纸上作答，然后上传图片，让 DeepSeek 批改。

第 1 题：假设全是鸡，那脚一共有 100 只，但现在有 140 只，相差的 40 只脚要由羊来补充，需要 20 只羊，所以有 30 只鸡、20 只羊。

第 2 题：假设全是摩托车，那车轮一共有 60 个，现在有 80 个车轮，相差的 20 个车轮要由汽车来补充，需要 10 辆汽车，所以有 10 辆汽车、20 辆摩托车。

第 11 步 DeepSeek 这位尽心尽职的"老师",不仅验证了我们的回答,还对我们的方法进行了总结。现在,你对"鸡兔同笼"的问题完全理解了吗?

你的解答完全正确!✨ 以下是详细验证:

题目1验证

- 鸡30只 + 羊20只 = 50个头 ✅
- 脚数:鸡(30×2=60) + 羊(20×4=80) = 140只脚 ✅

结论:鸡30只,羊20只。

题目2验证

- 汽车10辆 + 摩托车20辆 = 30辆 ✅
- 车轮数:汽车(10×4=40) + 摩托车(20×2=40) = 80个车轮 ✅

结论:汽车10辆,摩托车20辆。

你的方法总结

1. **假设全为脚少的动物(鸡/摩托车)**,计算总脚数。
2. **用实际脚数差额 ÷ 每只多出的脚数**,得到另一种动物的数量。
3. **总数减去另一种动物数量**,得到原动物数量。

你已经掌握了这个技巧!如果还想挑战更复杂的问题(比如三种动物),可以告诉我哦~ 😊

AI 生成图:鸡兔同笼

AI 函数可视化

进入初中阶段，我们就开始学习函数了。函数是数学建模的基础，它可以帮助我们将实际问题转化为数学模型。通过函数分析，我们可以更有效地解决复杂问题。然而在初次接触函数时，大多数同学会觉得难以理解。现在，我们可以利用 DeepSeek+desmos 来观察和学习函数曲线，从而更好地理解和掌握函数。

例 利用 DeepSeek+desmos，生成可以调整参数的函数图像并观察曲线。

知识小链接

desmos 是一个免费的在线图形计算器，主要用于绘制函数图像，进行数学计算和数据分析。

第 1 步 在 DeepSeek 中保持 深度思考（R1）处于选中状态，输入指令：

我想使用 desmos 来显示不同的函数曲线图，请帮我生成初中和高中阶段的主要函数公式，要用正确的格式输出，以便我可以直接复制到 desmos 中使用。

第 2 步 经过思考，DeepSeek 将初中和高中阶段主要的函数公式一一列出。选择一个你想要查看和学习的函数，比如二次函数，复制公式 $y=ax^2+bx+c$。

当然！以下是初中和高中阶段常见的一些函数公式，格式已经调整好，你可以直接复制到Desmos中使用。

1. 线性函数（一次函数）

公式：`y = kx + b`

示例：

```
desmos                                          复制
y = 2x + 3
```

2. 二次函数

公式：`y = ax² + bx + c`　←复制公式

示例：

```
desmos                                          复制
y = x^2 - 4x + 3
```

3. 反比例函数

公式：`y = k/x`

示例：

```
desmos                                          复制
y = 1/x
```

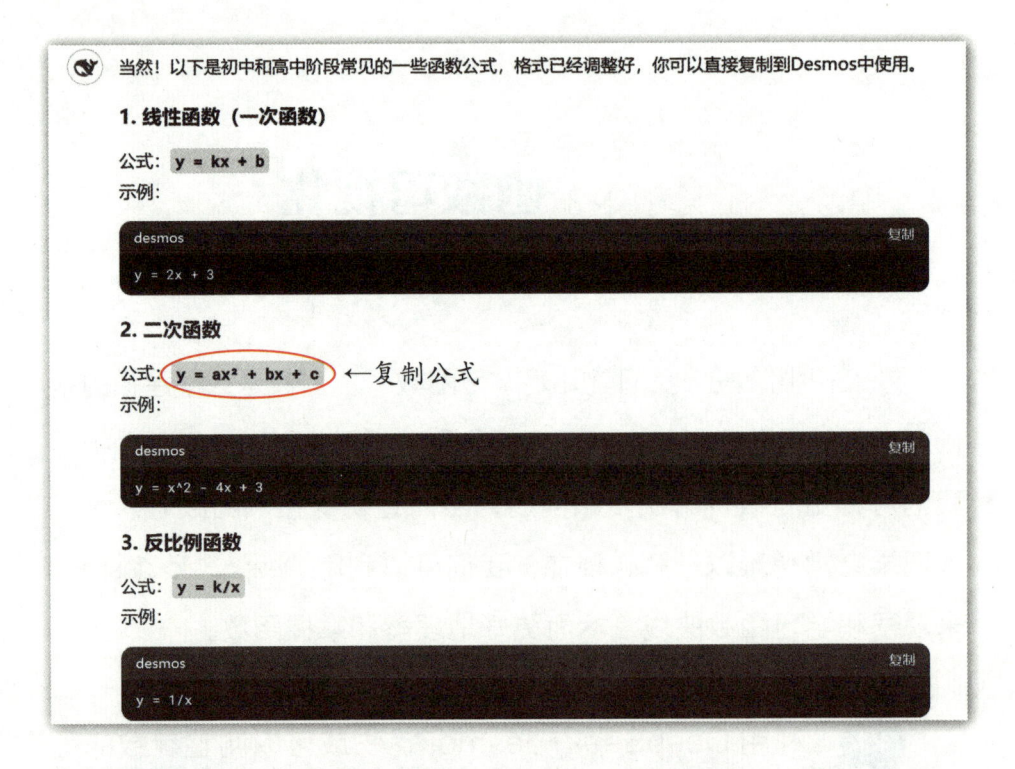

第3步 打开 desmos 的网页，网址是 https://www.desmos.com/?lang=zh-CN，单击 `打开图形计算器` 。

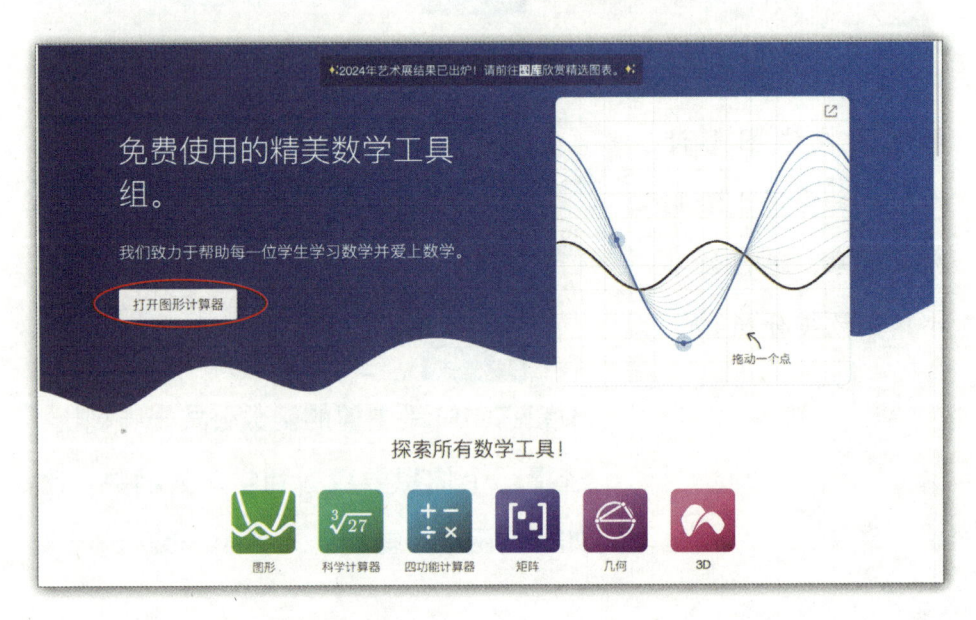

第4步　进入图形计算器界面，将刚才复制的二次函数公式粘贴在左上角的输入框中。

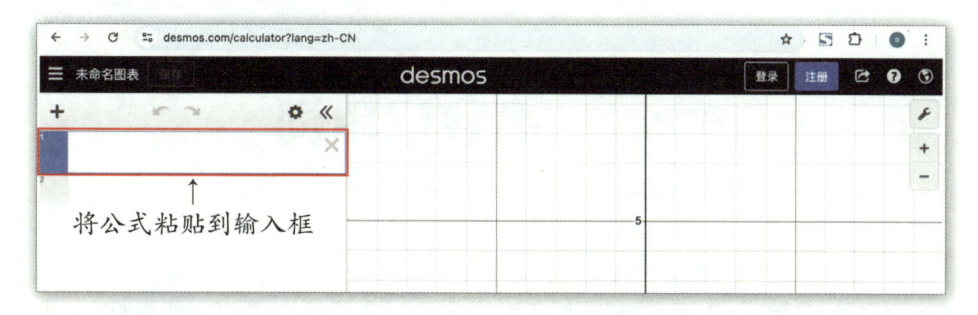

↑
将公式粘贴到输入框

第5步　单击"添加滑块"右侧的 全部 按钮，为所有函数的参数添加滑块。

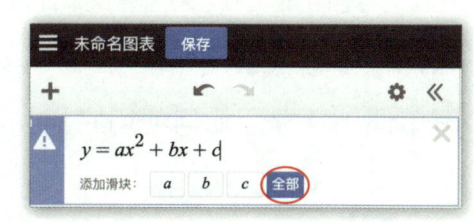

$y = ax^2 + bx + c$

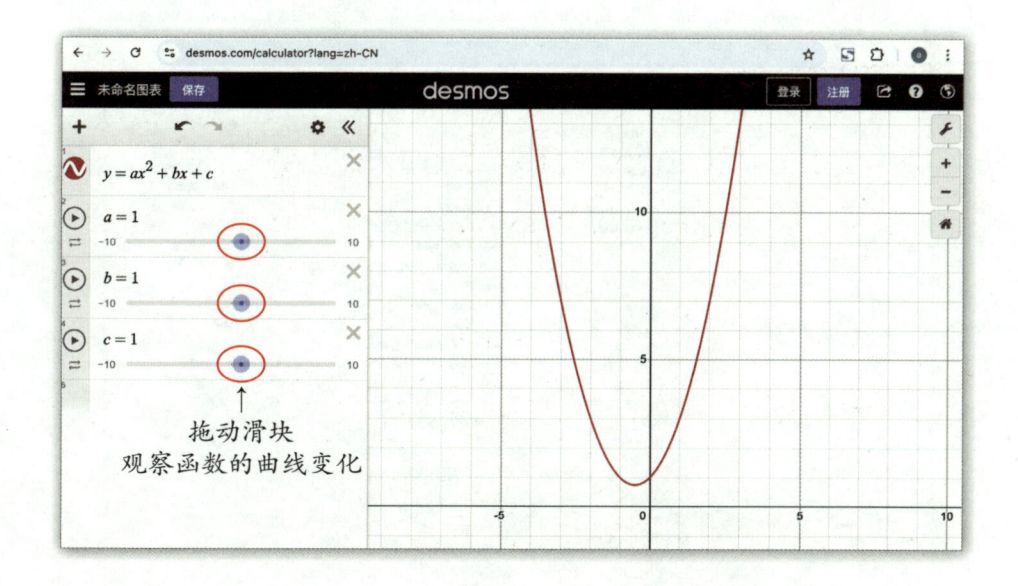

第6步　现在，在网页的右侧你就可以看到二次函数的曲线了。你可以滑动左侧的 a，b，c ━●━ 滑块，观察曲线是如何变化的，从而更好地理解函数中各个参数的意义。

$y = ax^2 + bx + c$

$a = 1$
$b = 1$
$c = 1$

拖动滑块
观察函数的曲线变化

高效英语

AI 高效记单词

学英语最令人头疼的恐怕就是背单词了——要么记不住,要么记住了却不会用。现在,可以让 DeepSeek 帮助我们认识和理解单词,并学会如何使用它们。

例 借助 DeepSeek 认识和理解英文词汇表中的单词。

第 1 步 准备一份需要掌握的英文词汇表,例如译林版本《英语》四年级上册的单词表。

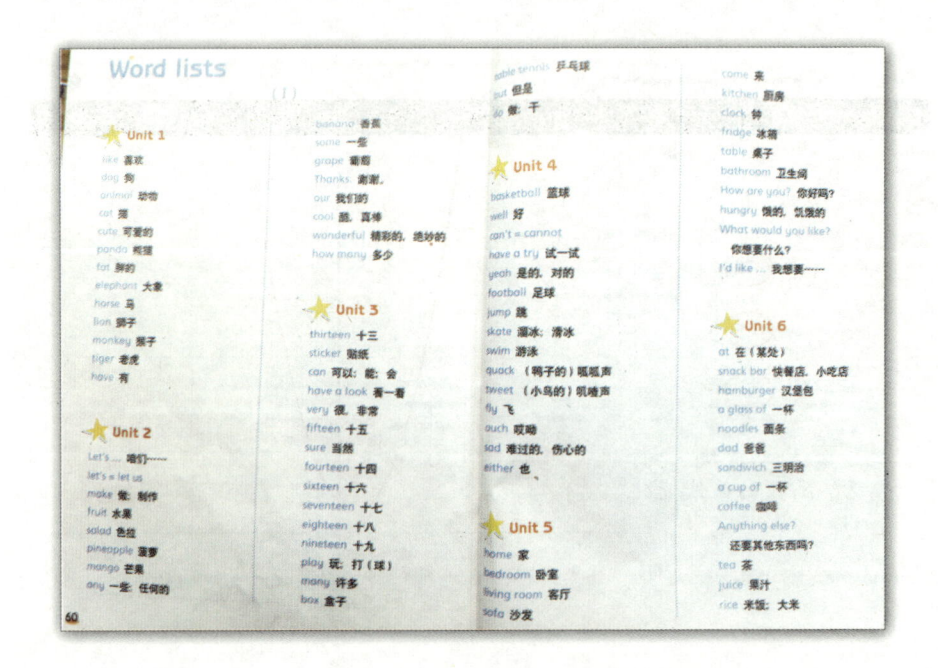

第二章 学科探索篇

第 2 步 在 DeepSeek 中，单击 按钮上传单词表图片。

第 3 步 输入指令：

识别图片里 Unit 1 的单词，把这些单词用表格的形式整理出来，并给每个单词都配一个简单的例句，附上中文翻译。

很快，DeepSeek 就帮我们整理好了，并以表格的形式展示出来。

以下是 Unit 1 的单词整理成表格的形式，并附上每个单词的简单例句及中文翻译：

英文单词	中文翻译	例句	中文翻译
like	喜欢	I like dogs.	我喜欢狗。
dog	狗	The dog is barking.	狗在叫。
animal	动物	The zoo has many animals.	动物园里有很多动物。
cat	猫	The cat is sleeping.	猫在睡觉。
cute	可爱的	The panda is very cute.	熊猫非常可爱。
panda	熊猫	Pandas eat bamboo.	熊猫吃竹子。
fat	胖的	The elephant is fat.	大象很胖。
elephant	大象	The elephant has a long trunk.	大象有长长的鼻子。
horse	马	The horse is running fast.	马跑得很快。
lion	狮子	The lion is the king of the jungle.	狮子是丛林之王。
monkey	猴子	The monkey is climbing the tree.	猴子在爬树。
tiger	老虎	The tiger has stripes.	老虎有条纹。
have	有	I have a cat.	我有一只猫。

希望这个表格对你有帮助！

105

> **第4步** 初步认识单词后，我们可以创建情境阅读，以加深印象，理解用法。继续在 DeepSeek 中输入指令：

请用以上 Unit 1 单词，为我生成 1 篇英语阅读理解，单词表中的单词加粗显示。要适合小学四年级学生阅读，200 个词左右，中文翻译放在最后。

执行完成后，DeepSeek 就生成了一篇适合四年级学生阅读的英文文章，并且按照我们的要求加粗了关键的单词，文章后面附上了中文翻译。

阅读理解：My Favorite Animals

I **like** animals very much. My favorite **animal** is the **dog**. I have a **cute** dog named Max. Max is not **fat**; he is very active. Every day, we play in the park. Sometimes, we see other animals like **cats**, **pandas** and **elephants** at the zoo. The **panda** is very **cute** and eats bamboo. The **elephant** is big and has a long trunk.

I also like **horses**. They run very fast. In the jungle, the **lion** is the king. The **tiger** has beautiful stripes. I saw a **monkey** climbing a tree last week. It was very funny.

My friend has a **cat**. It is small and likes to sleep. I **have** a picture of a **panda** on my wall. It reminds me of my visit to the zoo.

Questions:

1. What is the writer's favorite animal?
2. What does the panda eat?
3. Where did the writer see a monkey?

中文翻译：

我非常喜欢动物。我最喜欢的动物是狗。我有一只可爱的狗，名叫Max。Max不胖，他非常活跃。每天，我们在公园里玩耍。有时，我们在动物园里看到其他动物，如猫、熊猫和大象。熊猫非常可爱，吃竹子。大象很大，有长长的鼻子。

我也喜欢马。它们跑得很快。在丛林里，狮子是国王。老虎有美丽的条纹。上周我看到一只猴子在爬树，非常有趣。

我的朋友有一只猫。它很小，喜欢睡觉。我的墙上有一张熊猫的照片，它让我想起了我去动物园的经历。

问题：

1. 作者最喜欢的动物是什么？
2. 熊猫吃什么？
3. 作者在哪里看到了一只猴子？

AI 制作主题单词闪卡

如何让背单词变得更容易更有趣？我们可以利用 DeepSeek+豆包来帮助制作单词闪卡，好玩、好记又直观。

例1 我家小宝今年 5 岁，我想给他做 10 张动物主题的英语闪卡帮他学英语。

第1步 让 DeepSeek 生成一套关于"生成动物主题的单词闪卡图"的指令，指令如下：

请帮我生成 10 张动物主题的英语单词图片指令，生图指令要求是中文，假设这个动物单词是 {A}，那么每条指令的格式是这样的：

每张图片分为上下两部分，上半部分是这个单词的图，下半部分是白色背景，写上这个动物的英文单词 {A}，再生成一个这个单词的例句，例句要求是幼儿园到小学一年级的英语水平。

第2步 保持 DeepSeek 的 深度思考(R1) 处于选中状态，执行指令。以下是 DeepSeek 给出的思考结果和具体指令：

以下是10张动物英文单词图片的中文生成指令（按照您要求的格式）：

1. **{A}=Cat**
   上半部分绘制一只坐着舔爪子的橘色猫咪，背景为浅蓝色。下半部分白色背景中央用黑色加粗字体写"CAT"，下方添加例句："This is a cat. It says meow!"

2. **{A}=Dog**
   上半部分画一只摇尾巴的棕色小狗叼着骨头，草地背景。下半部分白色背景写"DOG"，例句："I see a dog. It runs fast!"

3. **{A}=Bird**
   上半部分绘制蓝色羽毛的小鸟站在树枝上，天空有白云。下半部分写"BIRD"，例句："A bird can fly in the sky."

4. **{A}=Fish**
   上半部分画三条彩色热带鱼游动在珊瑚间，水下气泡效果。下半部分写"FISH"，例句："The fish swim in water."

5. **{A}=Rabbit**
   上半部分设计白色兔子竖着耳朵吃胡萝卜，粉色花朵点缀。下半部分写"RABBIT"，例句："A rabbit has long ears."

6. **{A}=Butterfly**
   上半部分绘制黄黑斑纹蝴蝶展开翅膀停在花朵上。下半部分写"BUTTERFLY"，例句："Look! A beautiful butterfly."

7. **{A}=Elephant**
   上半部分画灰色大象用鼻子喷水，热带草原背景。下半部分写"ELEPHANT"，例句："An elephant is very big."

8. **{A}=Lion**
   上半部分设计卡通风格狮子有金色鬃毛，背景为夕阳。下半部分写"LION"，例句："The lion is the king."

9. **{A}=Frog**
   上半部分绘制绿色青蛙蹲在荷叶上，池塘水面波纹。下半部分写"FROG"，例句："The frog can jump high."

10. **{A}=Duck**
    上半部分画黄色小鸭子在湖面游泳，身后有涟漪。下半部分写"DUCK"，例句："A duck says quack quack!"

生成建议：可用Midjourney或DALL·E时，在描述中补充关键词如"儿童简笔画风格/cute cartoon style/明亮色彩"增强适龄性，例句建议使用Arial圆体字体更易阅读。

第3步 打开豆包网页 https://www.doubao.com/chat/ 或豆包手机 App，将 DeepSeek 中生成的指令复制到其中来生成图片。比如，我们将生成"Dog"闪卡的指令复制过来。

第二章 学科探索篇

> 你好，我是豆包。准备好了吗？我随时可以开始哦！
>
> 上半部分画一只摇尾巴的棕色小狗叼着骨头，草地背景。下半部分白色背景写"DOG"，例句："I see a dog. It runs fast!"

第4步 单击 ↑，很快，漂亮的闪卡就生成了。是不是很有趣！

举一反三

如果你想要更换闪卡主题和难度，可以修改指令。比如想制作初中英语水平的高频词闪卡，那可以把"动物"改成"高频词"，把"幼儿园到小学一年级"改成"初中英语水平"。

109

例2 制作元宵节主题的英语闪卡。

第1步 修改之前给 DeepSeek 下达的指令如下：

请帮我生成10张元宵节主题的英文单词图片指令，生图指令要求是中文，假设这个元宵节相关的单词是 {A}，那么每条指令的格式是这样的：

每张图片分为上下两部分，上半部分是这个单词的图，下半部分是红色背景，用黄色字体写上这个英文单词 {A}。

第2步 保持 DeepSeek 的 深度思考(R1) 处于选中状态，执行指令，DeepSeek 生成10条元宵节主题的内容。

以下是10张元宵节主题的英文单词图片生成指令（严格遵循您要求的格式）：

1. **{A}=Lantern**
   上半部分绘制一串红色圆形灯笼悬挂在古风屋檐下，灯笼表面有金色花纹装饰。下半部分红色背景用明黄色加粗字体写"LANTERN"。

2. **{A}=Tangyuan**
   上半部分画青花瓷碗盛着白色糯米汤圆，勺子里有芝麻馅流出，背景飘热气。下半部分红底黄字写"TANGYUAN"。

3. **{A}=Riddles**
   上半部分设计传统六角灯笼垂下红色纸条，纸条上用毛笔写英文灯谜"WHAT HAS KEYS BUT CAN'T OPEN LOCKS? (A PIANO)"。下半部分写"RIDDLES"。

4. **{A}=Lion Dance**
   上半部分描绘彩色舞狮团队，狮子头张开嘴巴露出俏皮表情，背景有鞭炮碎屑。下半部分红底黄字写"LION DANCE"。

5. **{A}=Fireworks**
   上半部分呈现深蓝夜空绽放金色牡丹型烟花，地面有古建筑剪影。下半部分写"FIREWORKS"。

6. **{A}=Reunion**
   上半部分绘制三代同堂围坐圆桌吃元宵的场景，桌面有青花瓷餐具。下半部分红底用黄色艺术字写"REUNION"。

7. **{A}=Moon**
   上半部分画黄色满月被粉色云朵环绕，月亮表面隐约可见灯笼群飞向月亮的创意画面。下半部分写"MOON"。

8. **{A}=Dumplings**
   上半部分设计蒸笼冒出热气，透过竹编缝隙可见晶莹的彩色元宵。下半部分红底黄字写"DUMPLINGS"。

第二章 学科探索篇

9. {A}=Blessing
   上半部分绘制孩童手持「福」字对联，背景门框贴红色剪纸窗花。下半部分写"BLESSING"。
10. {A}=Parade
    上半部分展现夜间灯笼游行队伍，包含兔子灯、荷花灯、龙灯等造型，地面有蜡烛光影。下半部分写"PARADE"。

生成建议：
1. 可添加提示词如「中国风插画/水墨质感/喜庆红色主色调」增强节日氛围
2. 英文字体建议使用粗体无衬线字体（如Impact），确保红黄对比清晰
3. 复杂元素（如舞狮毛发、灯笼纹理）建议指定「细节精致但保持卡通感」

第3步 选取其中一个"Lantern"的指令，复制后粘贴到豆包中，即可生成闪卡图片。

采取同样的方法，一张张精美的英文单词闪卡就制作好了！

111

AI 单词消消乐

学习之余，适当的游戏可以帮助我们休息和放松，如果可以在游戏中学习，既能放松大脑又能学到知识，那该多好呀！现在，我们可以借助 DeepSeek 来自创小游戏，将知识融入小游戏中，寓教于乐。

例 用 DeepSeek 制作一个英语单词消消乐小游戏。

第1步 在 DeepSeek 中保持 深度思考(R1) 处于选中状态，输入指令：

> 我想做一个简单的英语单词消消乐游戏，请帮我生成完整的 HTML 代码。要求显示 20 个小学阶段的英语单词，在界面上显示 40 个小圆圈，每个圆圈上显示英文或中文，连续单击两个相互对应的中文和英文圆圈，就可以将它们消除。在界面右上角显示得分，每消除一对圆圈得 5 分。注意，同一屏幕中不要生成两个相同的中文或者英文。

第2步 经过思考，DeepSeek 生成了相应的代码。

以下是一个简单的英语单词消消乐游戏的完整HTML代码，包含样式和逻辑：

```html
<!DOCTYPE html>
<html lang="zh-CN">
<head>
    <meta charset="UTF-8">
    <title>英语单词消消乐</title>
    <style>
        body {
            font-family: Arial, sans-serif;
            display: flex;
            flex-direction: column;
            align-items: center;
        }

        #score {
            position: fixed;
            top: 10px;
            right: 20px;
            font-size: 24px;
            font-weight: bold;
        }

        #game {
            display: grid;
            grid-template-columns: repeat(8, 1fr);
            gap: 10px;
```

```
                style.backgroundColor = '#ffeb3b';
                selectedCards.push(clickedCard);
            }

            // 当选择两张卡片时进行验证
            if (selectedCards.length === 2) {
                setTimeout(() => {
                    const [first, second] = selectedCards;
                    const isMatch = first.dataset.wordKey === second.dataset.wordKey;

                    if (isMatch) {
                        first.classList.add('eliminated');
                        second.classList.add('eliminated');
                        score += 5;
                        scoreElement.textContent = `得分: ${score}`;
                    } else {
                        first.style.backgroundColor = '#4CAF50';
                        second.style.backgroundColor = '#4CAF50';
                    }

                    selectedCards = [];
                }, 500);
            }
        }

        // 初始化游戏
        createGame();
    </script>
</body>
</html>
```

第 3 步 单击代码块右下角的 ▶运行 HTML，直接运行代码，一个自创的单词消消乐游戏就生成了。

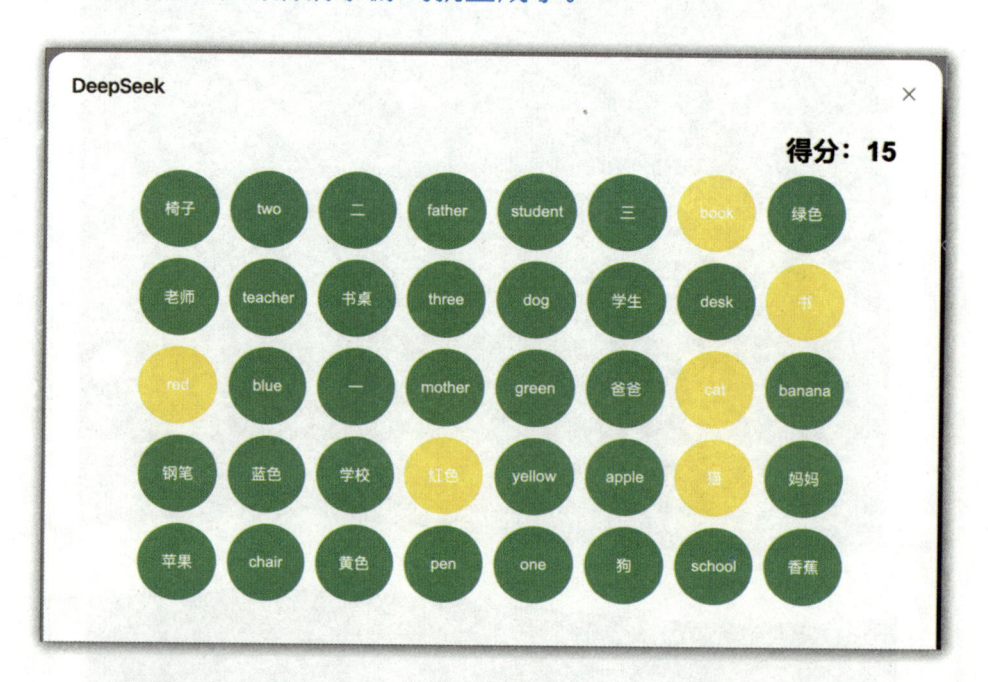

第 4 步 经过测试，发现游戏可以正常运行，但显示的颜色不太美观，视觉效果不太清晰，并且我们希望加入一个计时器，这样在和同伴一起玩时，可以比一比谁的速度更快。继续输入指令：

请将每一个圆圈用不同的颜色显示，选中的圆圈边框加粗并高亮，消除的圆圈用灰色表示。另外，在左上角增加一个计时器，当我单击第一个圆圈时开始计时，完成游戏时停止计时，请继续完善代码。

第 5 步 DeepSeek 在思考后，在原有基础上完善了代码。

以下是完善后的代码，包含颜色区分、选中高亮效果和计时器功能：

```html
<!DOCTYPE html>
<html lang="zh-CN">
<head>
    <meta charset="UTF-8">
    <title>英语单词消消乐</title>
    <style>
        body {
            font-family: Arial, sans-serif;
            display: flex;
            flex-direction: column;
            align-items: center;
            margin: 0;
            min-height: 100vh;
        }

        #game-info {
            position: fixed;
            top: 10px;
            left: 20px;
            font-size: 20px;
            font-weight: bold;
        }

        #game {
```

```javascript
            selectedCards = selectedCards.filter(card => card !== clickedCard);
        }

        // 当选择两张卡片时进行验证
        if (selectedCards.length === 2) {
            setTimeout(() => {
                const [first, second] = selectedCards;
                const isMatch = first.dataset.wordKey === second.dataset.wordKey;

                // 移除所有选中状态
                selectedCards.forEach(card => card.classList.remove('selected'));
                selectedCards = [];

                if (isMatch) {
                    first.classList.add('eliminated');
                    second.classList.add('eliminated');
                    score += 5;
                    document.getElementById('score').textContent = score;
                    checkGameComplete();
                }
            }, 500);
        }

        // 初始化游戏
        createGame();
    </script>
</body>
</html>
```

第6步 单击新代码块右下角的 ▶运行HTML，直接运行代码，打开消消乐游戏窗口。这一次，圆圈的颜色更加鲜艳多彩，已经消除的圆圈变成了灰色，同时加入了计时功能。

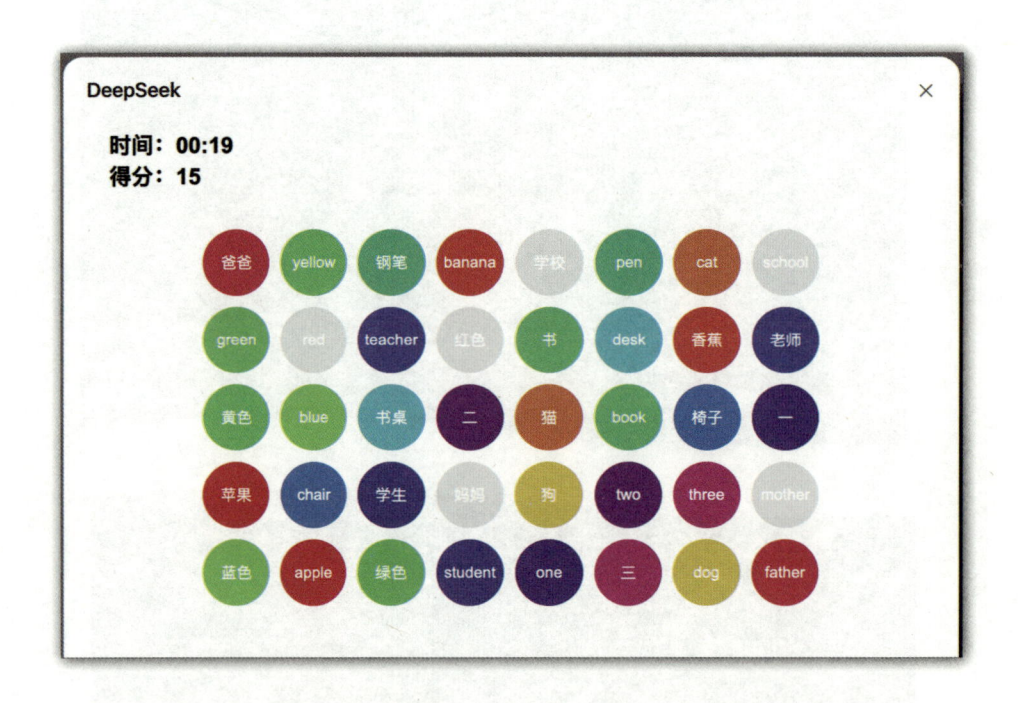

DeepSeek

时间：00:19
得分：15

爸爸	yellow	钢笔	banana	学校	pen	cat	school
green	red	teacher	红色	书	desk	香蕉	老师
黄色	blue	书桌	二	猫	book	椅子	一
苹果	chair	学生	妈妈	狗	two	three	mother
蓝色	apple	绿色	student	one	三	dog	father

举一反三　如果你想学习课本里的单词，可以将课本上的单词表拍照上传，让 DeepSeek 从单词表选取单词来生成游戏。你还有什么好点子？都可以告诉 DeepSeek，让它帮你来实现！

英语阅读理解

英语学习中,提升阅读能力是很重要的一个环节。现在,可以让 DeepSeek 充当我们的英语私教,帮助我们提高阅读效率。

例 利用 DeepSeek 提高英语阅读理解效率。

第 1 步 将我们要阅读学习的文章拍照。例如,这是一篇关于亚洲象的英文科普文章。

> A three-foot-deep watering hole in northeast India hums with buzzing insects and chirping birds. Suddenly seven Asian elephants stomp through the grass surrounding the pool and splash into the water. It's bath time for the herd.
>
> **COMMON NAME:** Asian elephants
> **SCIENTIFIC NAME:** *Elephas maximus*
> **TYPE:** Mammals
> **DIET:** Herbivore
> **GROUP NAME:** Herd
> **AVERAGE LIFE SPAN IN THE WILD:** Up to 60 years
> **SIZE:** Height at the shoulder: 6.6 to 9.8 feet
> **WEIGHT:** 2.25 to 5.5 tons

THE BIGGER THE BETTER

Asian elephants live in the tropical forests and grasslands of Southeast Asia. They're a little smaller than African elephants but can grow nine feet tall and weigh nearly six tons. That's heavier than two medium-size cars! Even newborns are on the hefty side, weighing some 200 pounds. Given their size it's no surprise that these guys are big on food. Adults can eat 300 pounds in one day, nearly 75 times what the average human eats! An Asian elephant's ideal meal includes roots, grasses, fruit, and bark.

Much of an Asian elephant's time is spent searching for grub. In fact the animal may travel 50 miles a day to find food. Asian elephants also enjoy taking dips in the water. To cool down their backsides, the animals will fill their trunks with water and spray it over themselves like a hose.

SOCIAL NETWORK

Asian elephants are gentle and super-social. Related females live with their young in herds. (Adult males go off on their own.) To communicate with each other they use rumbles, bellows, growls, and moans. Some of their vocalizations can be heard more than a mile away. Talk about a long-distance call!

第 2 步 在 DeepSeek 中，单击 📎 上传这篇文章的图片。

我是 DeepSeek，很高兴见到你！

我可以帮你写代码、读文件、写作各种创意内容，请把你的任务交给我吧~

仅识别附件中的文字

Asian Elephant.png
PNG 532.45KB

给 DeepSeek 发送消息

深度思考 (R1)　　联网搜索

第二章　学科探索篇

第 3 步　先让 DeepSeek 分析文章的结构，输入以下指令：
你能分析这篇文章的结构吗？

这是 DeepSeek 给出的分析结果。

---

1. 标题

Asian Elephant

- 简洁明了，直接点明文章主题——亚洲象。

2. 引言段落

- 通过生动的场景描写（印度东北部的水坑、昆虫和鸟类的声响、象群洗澡的画面）吸引读者兴趣，自然引入主题。
- 语言风格：描述性、故事化，增强可读性。

第 4 步　让 DeepSeek 针对单词进行解析，输入以下指令：
找出这篇文章中孩子可能难以理解的单词，并给出中英文释义、例句、近义词和反义词。

DeepSeek 按照我们的要求给出了单词列表和教学建议。

以下是文章中孩子可能难以理解的单词列表，包含中英文释义、例句、近义词和反义词，并标注了单词在原文中的位置：

1. hums (引言段落)

- 英文释义: To make a low, continuous sound like a bee.
- 中文释义: 发出嗡嗡声（像蜜蜂的声音）。
- 例句: The refrigerator **hums** softly in the kitchen.
- 近义词: buzz, drone
- 反义词: silence

2. stomp (引言段落)

- 英文释义: To walk heavily with loud steps.
- 中文释义: 跺脚行走，重步踩踏。
- 例句: The angry boy **stomped** up the stairs.
- 近义词: trample, clomp
- 反义词: tiptoe

119

3. herbivore (关键信息栏)

- 英文释义: An animal that eats only plants.
- 中文释义: 草食动物。
- 例句: Cows and rabbits are **herbivores**.
- 近义词: plant-eater
- 反义词: carnivore (肉食动物)

4. hefty (THE BIGGER THE BETTER 段落)

- 英文释义: Large and heavy.
- 中文释义: 笨重的，沉重的。
- 例句: She carried a **hefty** bag of books.
- 近义词: bulky, weighty
- 反义词: light, small

5. grub (THE BIGGER THE BETTER 段落)

- 英文释义: (Informal) Food.
- 中文释义: （非正式）食物。
- 例句: Let's go find some **grub** for lunch.
- 近义词: food, eats
- 反义词: (无直接反义，但可对比"starvation")

教学建议

- 互动练习：让孩子模仿大象的"rumble"或"bellow"声音，加深记忆。
- 对比学习：用反义词提问（如"Is an elephant a herbivore or carnivore?"）。
- 视觉辅助：展示大象喷水（dips）或跺脚（stomp）的图片或视频。

这些单词的筛选基于儿童可能不熟悉的动词、非正式用语和动物行为术语，释义和例句尽量贴近他们的认知水平。

第 5 步 让 DeepSeek 教我们阅读策略，输入指令：

以这篇文章为例，教我如何找到整篇文章的主旨句，如何找到每个段落的主旨句，如何推测词义，如何预测词义，如何总结，如何推断。

DeepSeek 开始手把手教我们如何去阅读，并针对我们提出的每一个问题都给出了解答。

好的！我将以《Asian Elephant》这篇文章为例，逐步教你 **如何分析主旨句、推测词义、预测、总结和推断**。这些技巧是阅读理解的核心能力，适用于任何文本。

一、如何找到全文的主旨句

主旨句（Thesis Statement）是全文的核心观点，通常出现在 **开头或结尾**。

本文主旨句：

> "Asian elephants are gentle and super-social."（最后一段首句）

为什么？

1. 全文围绕亚洲象的 **体型**、**食性**、**社会行为** 展开，最终落脚点是它们的 **温和与高度社交性**。
2. 其他段落（如洗澡、觅食）都是为这一核心特点服务的细节。

技巧：

- 首尾段优先找，尤其是结论句。
- 如果找不到明显句子，可以自己概括（如："本文介绍了亚洲象的习性和社会结构"）。

二、如何找到段落的主旨句

段落主旨句通常是 **段首或段尾的第一、二句**。

例子1（第二段）：

> "Asian elephants live in the tropical forests and grasslands of Southeast Asia."

- 后文全在说明它们的栖息地、体型和食性，均围绕这一主题展开。

例子2（最后一段）：

> "Asian elephants are gentle and super-social."

- 后文用"群居、声音交流"等细节支持这一观点。

技巧：

- 忽略具体数据、例子，找概括性强的句子。
- 如果段落没有明显主旨句，需自行总结（如："这段讲大象如何降温"）。

第 6 步 让 DeepSeek 依据文章设计五道题目，考察我们对文章的理解，输入以下指令：

请根据这篇文章设计 5 个英文问题。

DeepSeek 很快根据文章内容给出了五道题目，题目涵盖了各个方面，难易程度也不同。

> 以下是基于《Asian Elephant》文章设计的5个英文阅读理解问题，涵盖细节查找、推理、词义推测等能力，并附答案和设计意图说明：
>
> **1. 细节题（Literal Comprehension）**
>
> **Question**: What is the average lifespan of an Asian elephant in the wild?
> **Answer**: Up to 60 years.
> **原文依据**: Key Information 栏中的"AVERAGE LIFE SPAN IN THE WILD"条目。
> **目的**：训练学生定位明确信息的能力。
>
> **2. 词义推测题（Vocabulary in Context）**
>
> **Question**: In the sentence "They fill their trunks with water and spray it over themselves," what does "spray" most likely mean?
> **Answer**: To scatter liquid in small drops（喷射/喷洒）。
> **线索**：后文比喻"like a hose"（像水管）提示与水喷出相关。
> **目的**：通过上下文和比喻理解生词。
>
> **3. 推理题（Inferential Thinking）**
>
> **Question**: Why might Asian elephants need to communicate over long distances?
> **Answer**: Because they live in large herds or roam widely, so they need to stay connected with other elephants far away.
> **原文依据**: "Some vocalizations can be heard more than a mile away" + "super-social"特点。
> **目的**：结合文本与常识推断动物行为原因。
>
> **4. 主旨题（Main Idea）**
>
> **Question**: Which sentence best summarizes the entire article?
> **Answer**: "Asian elephants are gentle and super-social animals that live in Southeast Asia, with unique behaviors like long-distance communication and massive appetites."
> **替代选项（干扰项）**：
>
> - "Asian elephants are smaller than African elephants."（片面细节）
> - "Elephants enjoy taking baths."（次要信息）
>   **目的**：区分主旨与细节，训练概括能力。

有了 DeepSeek 这位"老师"，你还愁英语学不好吗？快来让 DeepSeek 帮你提升阅读能力吧！

探索历史

AI 历史上的今天

同学们,你是否常常会突发奇想,冒出各种稀奇古怪的问题。比如,你是否很想知道你出生那天,世界上发生了什么重大的事件?在人类的历史长河中,几乎每一天都有各种各样的大事件发生。现在,我们可以利用 DeepSeek 来帮助查找和记录某一天到底发生了什么。

例 利用 DeepSeek 快速查询某一天到底发生了什么大事件。

第1步 在 DeepSeek 中保持 深度思考(R1) 联网搜索 处于选中状态,输入指令:

我会告诉你一个日期,包括年、月、日,请告诉我那一天发生了哪些重大的事件,不要超过3件,内容要求用表格的形式输出。我会一直询问你,每告诉你一个新日期,请把之前的旧日期忘记,按新日期来查找重大事件。如果我告诉你的不是一个日期,而是其他的内容,就忽略,并提醒我告诉你正确的日期。

第2步 经过思考,DeepSeek"答应"了我们的要求,开始让我们输入日期。

> 好的，我明白了！请告诉我您想查询的日期（格式示例：7月21日/7月21日/July 21），我将为您查找当天发生的3件重大历史事件，并用表格形式呈现。每次仅处理最新收到的日期，若内容非日期将提醒您重新输入。

第 3 步 告诉 DeepSeek 一个日期，比如"2008 年 8 月 8 日"。

第 4 步 这一天，是北京奥运会开幕的日子，经过深度思考和联网搜索，DeepSeek 给出了这天发生的重大事件。

以下是2008年8月8日发生的重大历史事件，按时间顺序整理为以下三件：

日期	事件	关键内容
2008年8月8日	第29届夏季奥林匹克运动会在北京开幕 ③ ⑱ ⑲	北京奥运会是中国首次举办夏季奥运会，开幕式在国家体育场"鸟巢"举行，全球约10亿观众观看。本届奥运会以"绿色奥运、科技奥运、人文奥运"为理念，共设28个大项、302枚金牌。中国代表团最终以48枚金牌位居榜首。
2008年8月8日	北京奥运会开幕式创下收视纪录 ⑲	开幕式成为中国收视率最高的电视节目，全国收视率达40.54%，约8.42亿中国观众观看直播。香港地区收视率高达42.5%，全球约15%人口收看。
2008年8月8日	奥运会推动全民健身与体育发展 ⑭	北京奥运会不仅提升了中国的国际形象，还推动了全民健身热潮，促使体育观念从"唯金牌论"向健康生活方式的转变，并成为中国体育史上的重要里程碑。

补充说明：

1. **北京奥运会**：作为中国首次举办的夏季奥运会，其开幕式以焰火"脚印"、击缶表演等创意环节震撼世界，李宁点燃主火炬的画面成为经典 ⑲ 。
2. **后续影响**：奥运会后，中国体育事业快速发展，全民健身日（8月8日）的设立进一步强化了运动与健康的理念 ⑭ 。

第 5 步 单击左侧历史对话列表右侧的 ⋯ ，将对话重命名为"历史上的今天"。

第 6 步 一个名为"历史上的今天"的小工具就完成了。只要你想查询某一天发生的重大事件，在 DeepSeek 左侧的历史对话列表里找到这个对话点开，输入想查询的日期，就可以直接得到答案了。

历史事件时间表

学习历史，免不了记忆大量的年代、人物、事件等内容，如果有一种方法能够让这些枯燥的内容变得更加有条理和便于记忆，那该多好。现在，利用 DeepSeek+Napkin.ai，就可以生成漂亮、清晰的事件文字图表。

知识小链接

Napkin.ai 是一款基于人工智能的工具，专注于帮助用户快速生成和分享想法。它通过简化的界面和 AI 技术，让用户能够轻松创建内容，将概念可视化。

例 生成清朝历代皇帝记忆图表。

第1步 在 DeepSeek 中输入指令：请生成一个时间轴，用来记忆清朝历代皇帝，按重大时间节点生成。

这个要求并不难，DeepSeek 很快就能生成相关内容。

> **清朝皇帝时间轴（按重大时间节点）**
>
> **1616年：** 努尔哈赤建立后金。
>
> **1636年：** 皇太极改国号为"清"。
>
> **1644年：** 清军入关，顺治帝迁都北京。
>
> **1661年：** 顺治帝去世，康熙帝即位，开启"康乾盛世"。
>
> **1722年：** 康熙帝去世，雍正帝即位。雍正帝推行一系列改革，加强中央集权。
>
> **1735年：** 雍正帝去世，乾隆帝即位。清朝逐渐发展到鼎盛时期。
>
> **1796年：** 乾隆帝禅位于嘉庆帝，清朝转衰。
>
> **1820年：** 嘉庆帝去世，道光帝即位，面临内忧外患。
>
> **1850年：** 道光帝去世，咸丰帝即位，1851年太平天国运动爆发。
>
> **1861年：** 咸丰帝去世，同治帝即位，慈禧太后开始垂帘听政。
>
> **1875年：** 同治帝去世，光绪帝即位，清朝继续衰落。
>
> **1898年：** 戊戌变法失败，光绪帝被囚禁，慈禧太后掌权。
>
> **1908年：** 光绪帝和慈禧太后相继去世，溥仪即位，清朝灭亡进入倒计时。
>
> **1912年：** 溥仪退位，清朝灭亡。
>
> **附加说明：**
> - 此时间轴仅列出清朝皇帝即位、去世等重大时间节点，以及一些对清朝历史进程有重大影响的事件。
> - 每个皇帝在位期间都发生了许多重要事件，可以根据需要进一步补充。
> - 可以使用不同颜色、图标等元素，使时间轴更加直观、易记。

第 2 步　选择从 1616 年到 1912 年间的文字内容，复制到剪贴板。

第 3 步　打开 Napkin.ai 的网页，网址是 https://www.napkin.ai。

第 4 步　单击右上角的 Get Napkin Free ，创建账号并登录。首次登录，需填写个人使用信息，完成后单击 Submit 。

第二章 学科探索篇

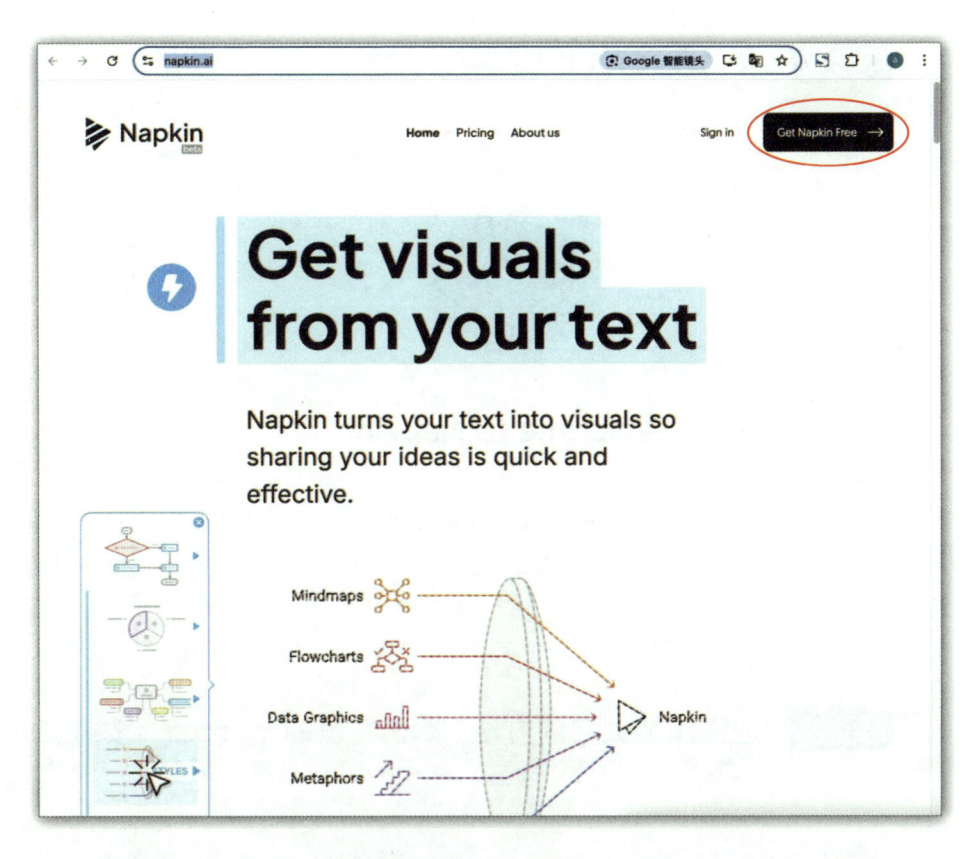

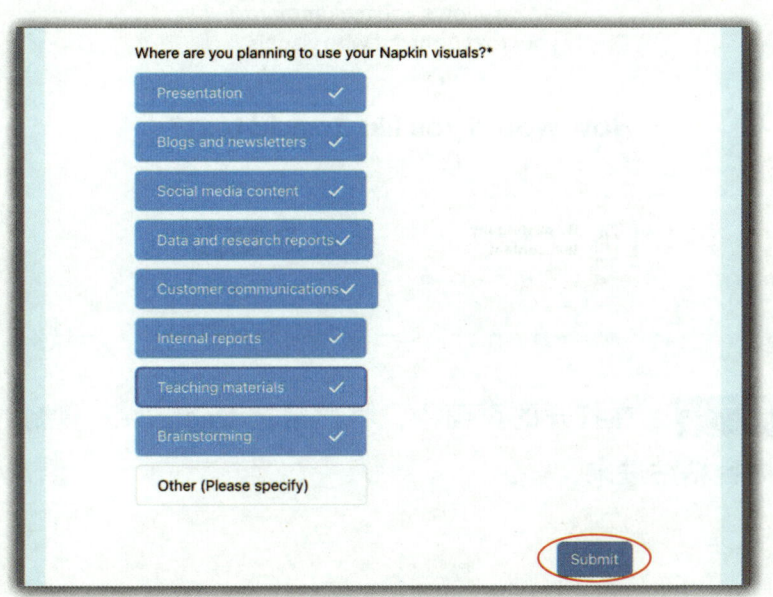

第 5 步　在打开的页面中单击 Create my first Napkin。

第 6 步　选择添加文字的方法，单击左侧的 By pasting my text content 按钮。

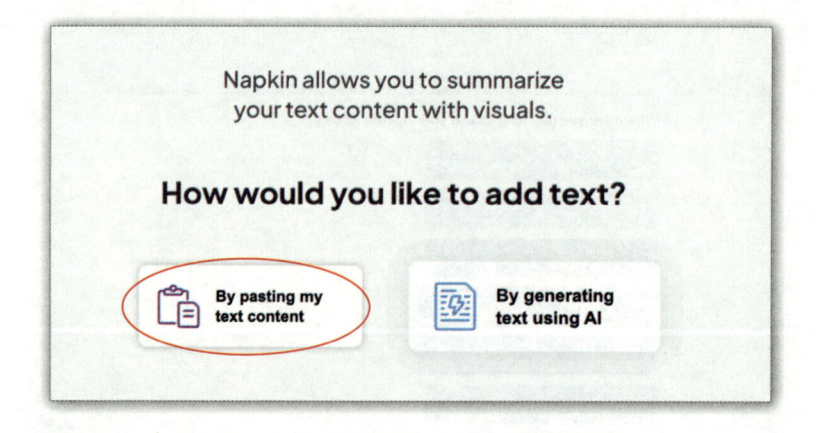

第 7 步　在打开的页面中，将之前在 DeepSeek 复制的年代事件内容粘贴进来。

第二章 学科探索篇

```
Untitled
1616年：努尔哈赤建立后金。
1636年：皇太极改国号为"清"。
1644年：清军入关,顺治帝迁都北京。
1661年：顺治帝去世,康熙帝即位,开启"康乾盛世"。
1722年：康熙帝去世,雍正帝即位,雍正帝推行一系列改革,加强中央集权。
1735年：雍正帝去世,乾隆帝即位,清朝逐渐发展到鼎盛时期。
1796年：乾隆帝禅位于嘉庆帝,清朝转衰。
1820年：嘉庆帝去世,道光帝即位,面临内忧外患。
1850年：道光帝去世,咸丰帝即位,1851年太平天国运动爆发。
1861年：咸丰帝去世,同治帝即位,慈禧太后开始垂帘听政。
1875年：同治帝去世,光绪帝即位,清朝继续衰落。
1898年：戊戌变法失败,光绪帝被囚禁,慈禧太后掌权。
1908年：光绪帝和慈禧太后相继去世,溥仪即位,清朝灭亡进入倒计时。
1912年：溥仪退位,清朝灭亡。
```

第8步 鼠标移动到粘贴内容附近时，左侧会出现一个图表生成图标 ⚡。单击该图标，稍等片刻，就出现了精美的事件图表格式列表，可以在列表中选择你喜欢的图表呈现形式。

第9步 选择你喜欢的图表样式后，Napkin.ai 会自动挑选重要事件的时间节点生成图表。再单击右上角的 ⬇ 按钮导出。

第10步 在弹出的对话框中设置好颜色模式（Color mode）、背景（Background）和分辨率（Resolution）后，预览图表确认，单击右下角的 [⬇ Download]，一幅精美的清朝历代皇帝重大事件记忆图表就完成了。

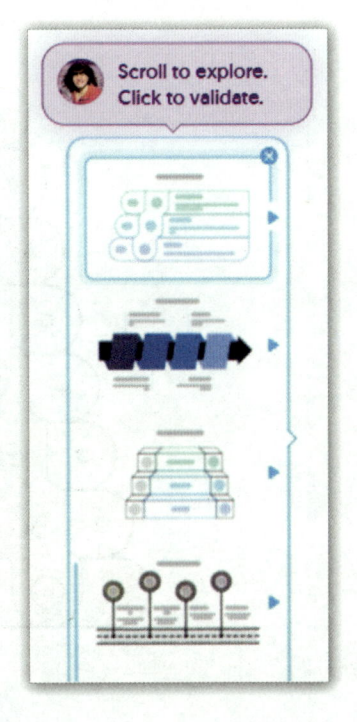

129

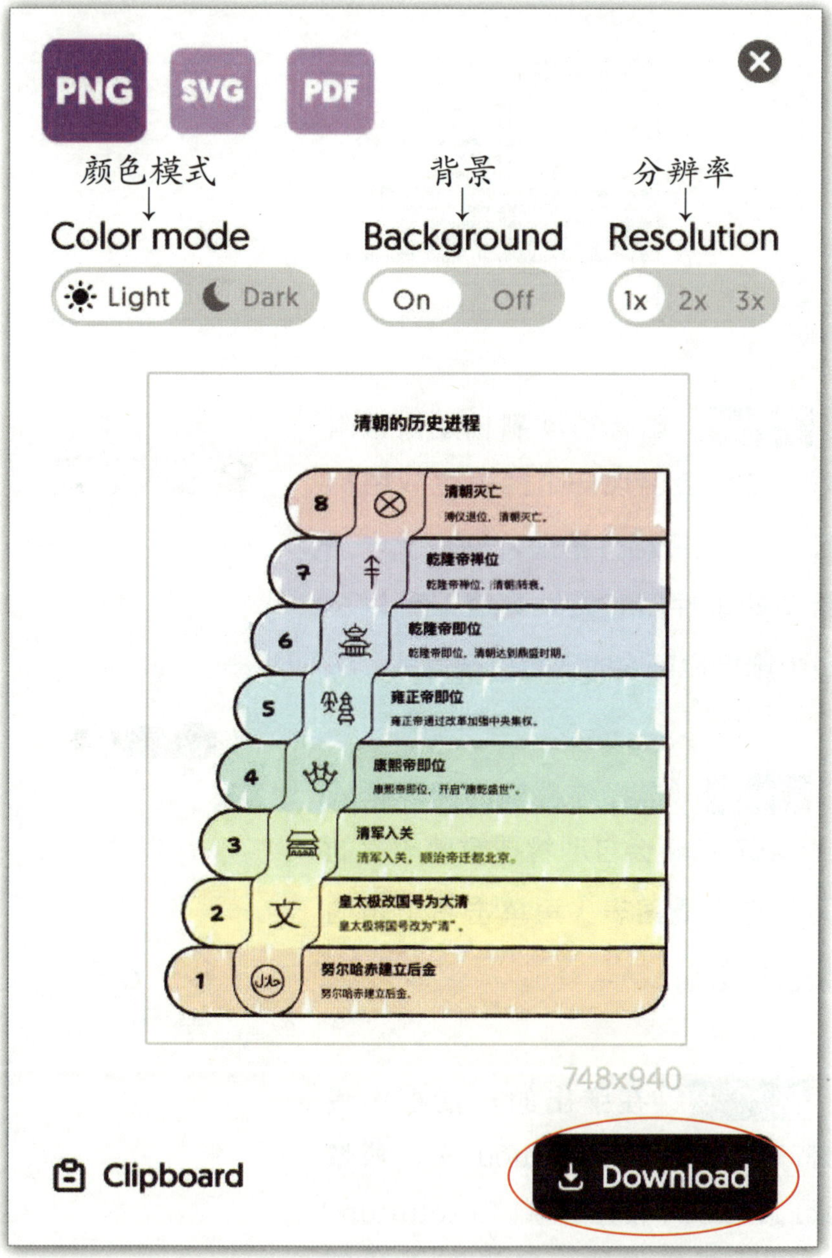
PNG
SVG
PDF
颜色模式
Color mode
Light
Dark
背景
Background
On
Off
分辨率
Resolution
1x
2x
3x
清朝的历史进程
8
清朝灭亡
溥仪退位，清朝灭亡。
7
乾隆帝禅位
乾隆帝禅位，清朝转衰。
6
乾隆帝即位
乾隆帝即位，清朝达到鼎盛时期。
5
雍正帝即位
雍正帝通过改革加强中央集权。
4
康熙帝即位
康熙帝即位，开启"康乾盛世"。
3
清军入关
清军入关，顺治帝迁都北京。
2
文
皇太极改国号为大清
皇太极将国号改为"清"。
1
努尔哈赤建立后金
努尔哈赤建立后金。
748x940
Clipboard
Download

第三章 未来实验室

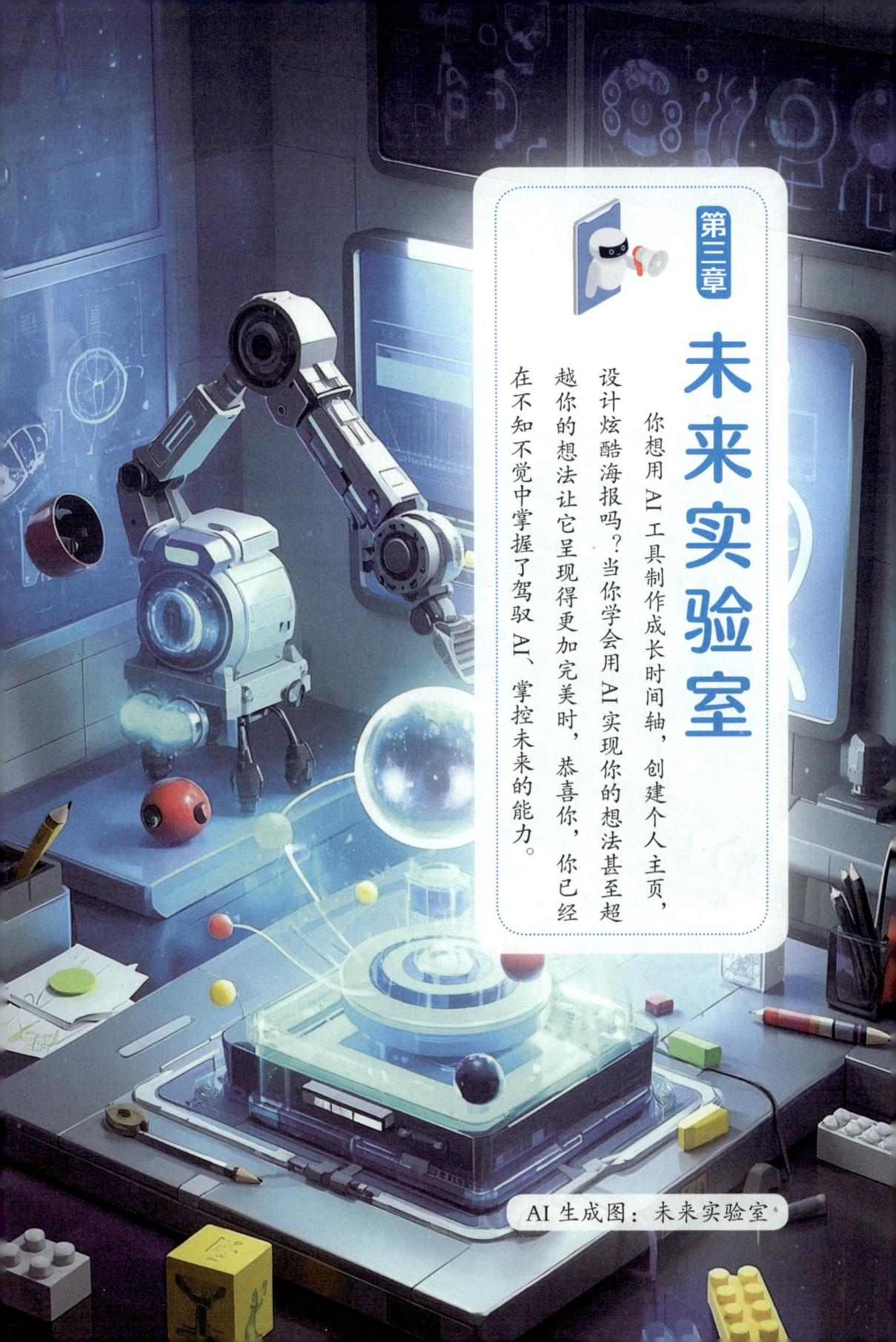

你想用 AI 工具制作成长时间轴，创建个人主页，设计炫酷海报吗？当你学会用 AI 实现你的想法甚至超越你的想法让它呈现得更加完美时，恭喜你，你已经在不知不觉中掌握了驾驭 AI、掌控未来的能力。

AI 生成图：未来实验室

AI 制作个人主页

🔍 知识小链接

图床是一个用于存储和托管图片的在线服务平台，用户可以将图片上传至图床服务器，获取图片的 URL 链接，方便在其他平台（如网站、论坛、社交媒体）上分享或嵌入。路过图床则是国内较为知名的在线图片托管服务平台。

Netlify 是一个现代化的网站托管和自动化平台，支持静态网站生成的快速部署。

虽然说"酒香不怕巷子深"，但只有勇敢地展示自己，才能获得更多的机会。在这个张扬个性的时代，我们可以借助互联网，利用 ==DeepSeek+路过图床+Netlify==，快速制作一个美观大方的个人主页，展示自己的精彩人生。

例 利用 DeepSeek+路过图床+Netlify，制作并发布自己的个人主页。

第1步 打开路过图床的网页，网址是 https://imgse.com。

第三章 未来实验室

第2步 注册账号并登录之后，单击 开始上传 ，选择一张自己的照片或图片，单击 上传 。

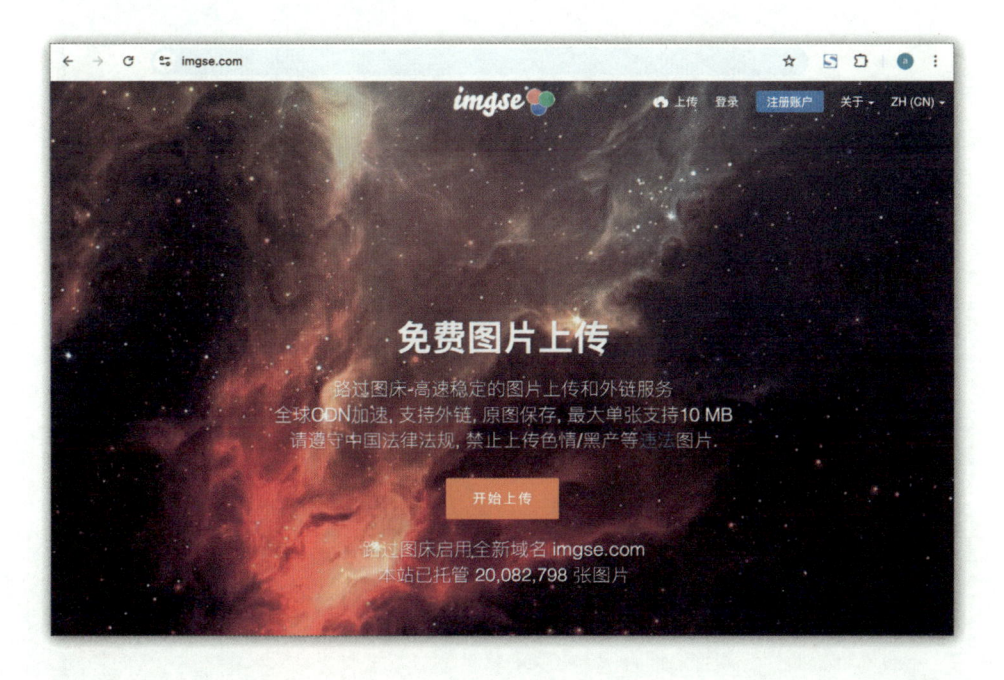

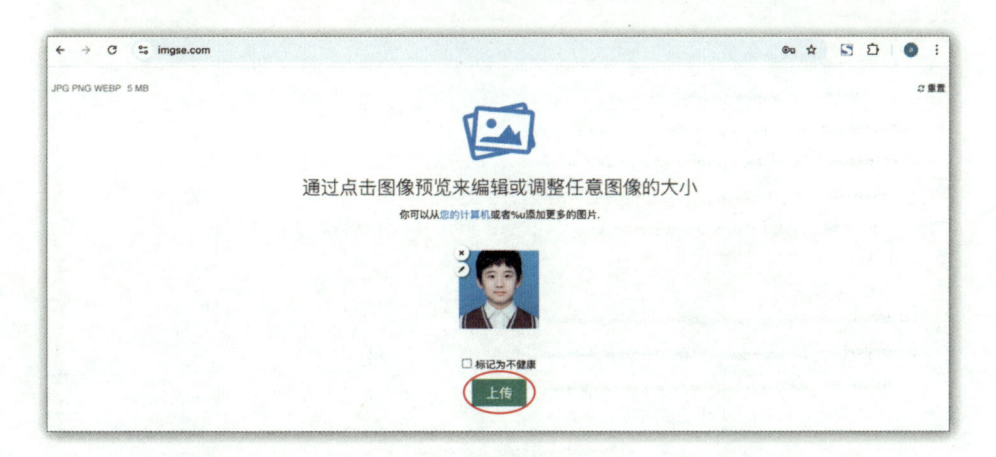

第3步 上传完成后，跳转到图片页面，找到下方的"图片URL链接"，复制右边框里的网址。

133

你好，AI：
给孩子的高效学习法

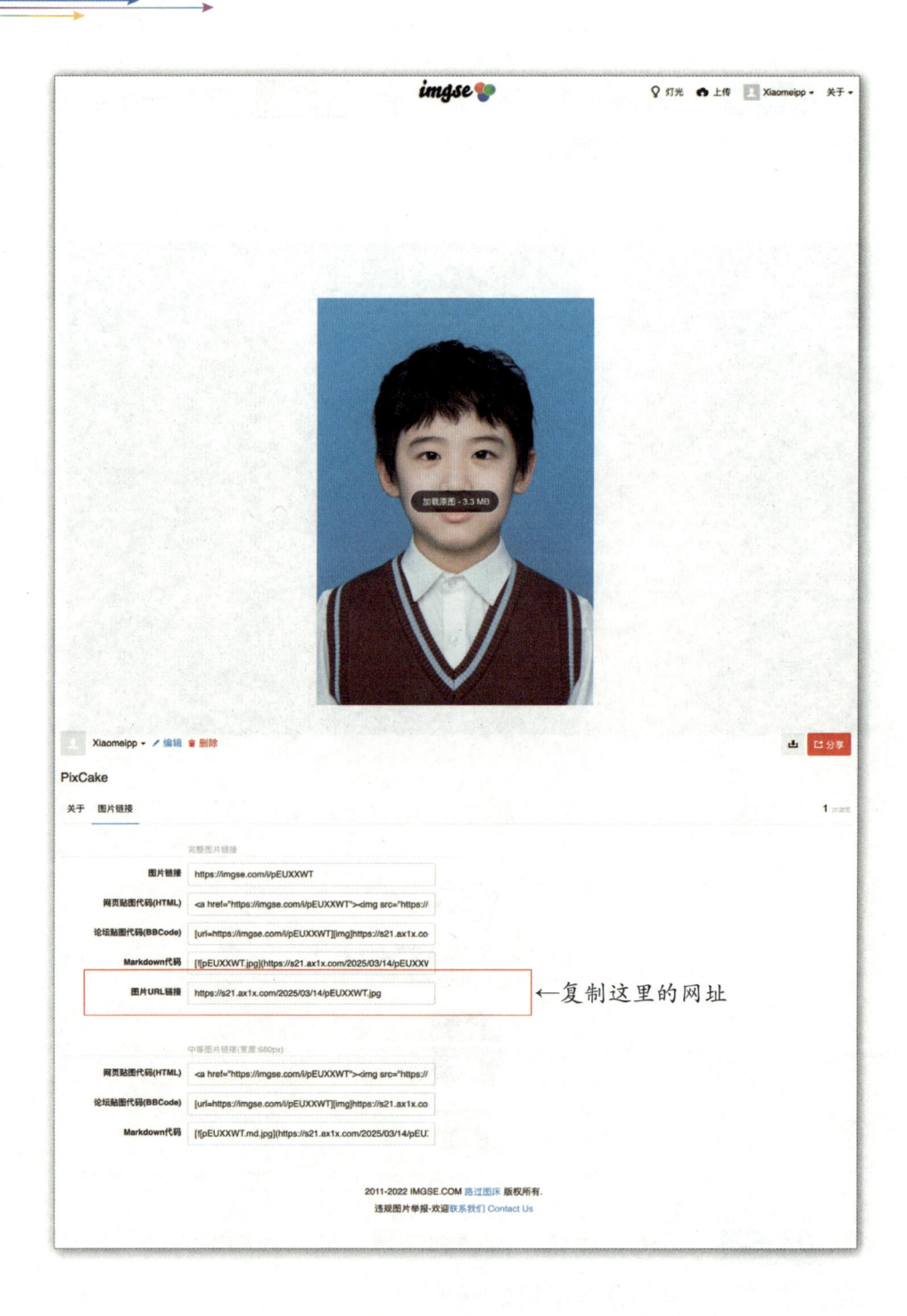

134

第4步 打开 DeepSeek，保持 深度思考(R1) 处于选中状态，输入指令：

我想制作一个个人主页，请生成 HTML 代码，要求界面美观大方。

我的头像链接是 https://s21.ax1x.com/2025/03/14/pEUXXWT.jpg。姓名杨小凡，就读于实验小学，家里有五口人，爸爸、妈妈、爷爷、奶奶和我。我的性格活泼开朗，爱好篮球、街舞、编程。我的梦想是当一名编程高手。以下是我最近获得的奖项：

- 青少年阳光体育校园篮球"3对3"联赛小学男子中年级组三等奖
- 江苏省小篮球省级决赛 U10 男子组优胜奖
- 全国中小学信息技术创新与实践大赛编程马拉松决赛三等奖
- 希望之星暨希语盛典演讲展评二等奖
- 全国青少年信息素养大赛图形化编程挑战赛华东赛区一等奖

经过思考后，DeepSeek 会根据我们提供的指令生成 HTML 代码。

以下是一个简洁美观的个人主页HTML代码,使用了现代网页设计风格,包含响应式布局和交互动效:

```html
<!DOCTYPE html>
<html lang="zh-CN">
<head>
    <meta charset="UTF-8">
    <meta name="viewport" content="width=device-width, initial-scale=1.0">
    <title>杨小凡的个人主页</title>
    <style>
        * {
            margin: 0;
            padding: 0;
            box-sizing: border-box;
            font-family: 'Segoe UI', Arial, sans-serif;
        }

        body {
            background: #f0f5ff;
            line-height: 1.6;
        }

        .container {
            max-width: 1200px;
            margin: 0 auto;
            padding: 40px 20px;
        }

        .header {
            text-align: center;
            margin-bottom: 40px;
```

```html
        <section class="section">
            <h2>个人简介</h2>
            <p>👨‍👩‍👧‍👦 家庭成员:爸爸妈妈、爷爷奶奶和我</p>
            <p>☀ 性格:活泼开朗的小太阳</p>
            <div class="hobbies">
                <span class="hobby-item">🏀 篮球小将</span>
                <span class="hobby-item">💃 街舞达人</span>
                <span class="hobby-item">💻 编程少年</span>
            </div>
        </section>

        <section class="section">
            <h2>获奖荣誉</h2>
            <ul class="awards-list">
                <li class="award-item">青少年阳光体育校园篮球"3对3"联赛小学男子中年级组 三等奖</li>
                <li class="award-item">江苏省小篮球省级决赛U10男子组 优胜奖</li>
                <li class="award-item">全国中小学信息技术创新与实践大赛编程马拉松决赛 三等奖</li>
                <li class="award-item">希望之星暨希语盛典演讲展评市决选 二等奖</li>
                <li class="award-item">全国青少年信息素养大赛图形化编程挑战赛华东赛区 一等奖</li>
            </ul>
        </section>

        <section class="dream">
            🚀 我的梦想:成为改变世界的编程高手! 💻
        </section>
    </div>
</body>
</html>
```

▶ 运行 HTML

第 5 步　单击 HTML 代码区域右上角的 复制 ，将代码复制到剪贴板。在本地系统中创建一个文件夹，例如在 E 盘中新建一个文件夹，取名"我的个人主页"，在文件夹中创建一个 TXT 格式的文件，取名"index.txt"。

第 6 步　打开"index.txt"文件，将之前复制的代码粘贴进去并保存。将"index.txt"文件的扩展名改为".html"，即"index.html"。

/ 提醒 / 如果文件不显示扩展名，可同时按下键盘上的"Win+E"快捷键，打开文件资源管理器，在工具栏中打开"查看"选项，在"显示 / 隐藏"栏中勾选"文件扩展名"，即可显示文件扩展名。（具体操作详见 39 页）

第 7 步 双击打开"index.html"文件，你已经可以在本地看到自己的主页了。

杨小凡

实验小学

个人简介

👨‍👩‍👧 家庭成员：爸爸妈妈、爷爷奶奶和我

🌟 性格：活泼开朗的小太阳

🏀 篮球小将   💃 街舞达人   💻 编程少年

获奖荣誉

🏆 青少年阳光体育校园篮球"3对3"联赛小学男子中年级组三等奖

🏆 江苏省小篮球省级决赛U10男子组优胜奖

🏆 全国中小学信息技术创新与实践大赛编程马拉松决赛三等奖

🏆 希望之星暨希语盛典演讲展评二等奖

🏆 全国青少年信息素养大赛图形化编程挑战赛华东赛区一等奖

🚀 我的梦想：成为改变世界的编程高手！👨‍💻

第三章 未来实验室

第8步 现在，将页面发布到互联网上，以便其他人可以看到。访问 Netlify 网页，网址是 https://app.netlify.com/drop。

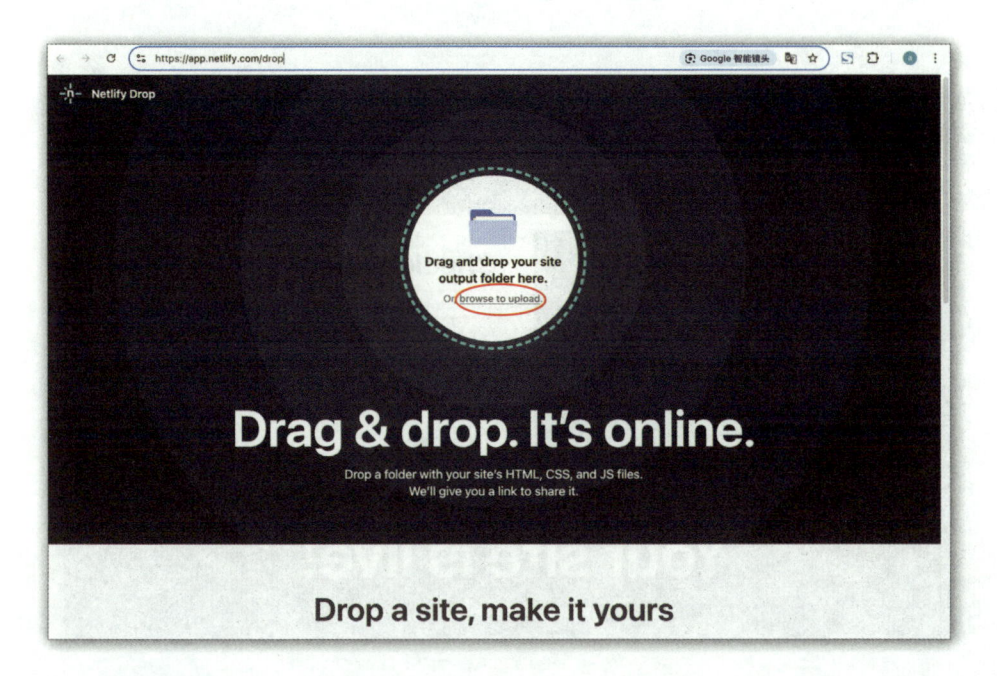

第9步 单击页面中间的 browse to upload，在弹出的对话框中选择之前创建的"我的个人主页"文件夹并单击"上传"，此时会弹出显示："……请仅在您信任该网站的情况下执行此操作。"的对话框，确认后单击 上传 。等待一会儿，页面就上传好了。

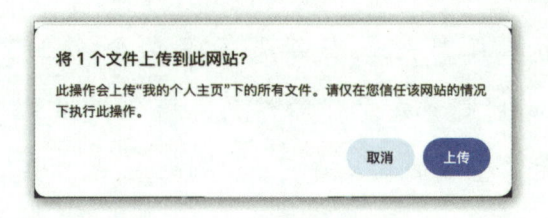

第10步 在这个新的页面里复制网站的密码（第一次打开时需要输入），单击网站的链接 https://meek-duckanoo-6588cc.netlify.app ↗ ，

139

在弹出的对话框中粘贴网站密码 My-Drop-Site，单击 Submit ，你就可以在网络上打开自己的主页了！

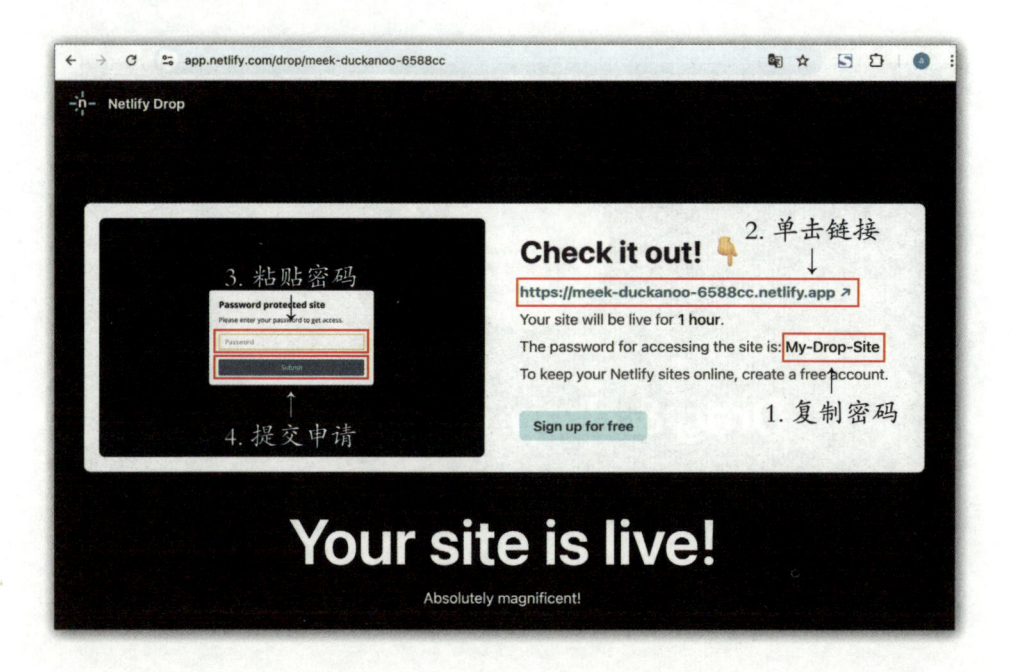

/ 提醒 / 这个链接有效期只有一个小时，如果你想长期保留这个页面，可以创建一个免费账户并登录。

如果你完成了自己的个人主页，就快快把它分享给你的朋友们吧！

举一反三　如果你想生成内容更丰富的个人主页，可以告诉DeepSeek更多关于你的信息，给它提出更多的要求，然后复制它生成的代码即可。

延伸阅读：个人隐私安全保护指南

1. 避免透露个人敏感信息：尽量不要在个人主页上填写真实姓名、家庭住址、学校名称、身份证号码、银行卡信息等敏感信息，防止被不法分子利用。

2. 谨慎使用照片：上传照片时，避免包含能识别出个人身份的标志性背景或物品，也不要上传过于暴露或具有安全隐患的照片。

3. 设置合理的访问权限：根据需要选择公开、仅好友可见等不同的访问权限，避免陌生人随意访问个人主页。

4. 注意密码安全：设置强密码，并定期更换。不要使用简单的数字组合或与个人信息相关的内容作为密码。

5. 了解隐私政策：使用网络服务前，了解相关平台的隐私政策，知道平台如何收集、使用和保护用户信息。

6. 保持警惕：对于陌生人的私信、好友请求等要保持警惕，不随意与陌生人交流个人信息，避免陷入网络陷阱。

7. 未成年人要告知家长或监护人：在制作和上传个人主页过程中，及时与家长或监护人沟通，让他们了解情况，以便获得指导和保护。

AI 图表生成

在我们的成长过程中，有许多有意义的数据可以记录下来，比如不同年龄的身高、不同时期的各科成绩等。现在，我们可以利用 DeepSeek 将这些数据变成各种各样美观又清晰的图表。

例1 利用 DeepSeek 生成身高变化曲线图。

第1步 准备身高变化数据，格式不限。例如以下表格，这是一个学生 3~10 岁的身高变化数据。

年龄（岁）	身高（厘米）	年龄（岁）	身高（厘米）
3	97	7	124
4	104	8	130
5	111	9	135
6	117	10	140

第2步 在 DeepSeek 输入指令，告诉 DeepSeek 身高变化数据，并让它生成曲线图。（数据的格式可以有其他形式，比如用文字描述：3 岁，97 厘米；4 岁，104 厘米；5 岁，111 厘米……）

生成一个孩子身高变化的曲线图，可视化效果要美观，用 HTML 格式，确保可运行。相关的数据如下：

年龄（岁）	身高（厘米）
3	97
4	104
5	111
6	117
7	124
8	130
9	135
10	140

DeepSeek 思考后，生成了相关的代码和说明。

> 以下是一个使用HTML和JavaScript生成孩子身高变化曲线图的示例代码。我们使用了Chart.js库来创建美观的图表。

```html
<!DOCTYPE html>
<html lang="en">
<head>
    <meta charset="UTF-8">
    <meta name="viewport" content="width=device-width, initial-scale=1.0">
    <title>孩子身高变化曲线图</title>
    <script src="https://cdn.jsdelivr.net/npm/chart.js"></script>
    <style>
        body {
            font-family: Arial, sans-serif;
            display: flex;
            justify-content: center;
            align-items: center;
            height: 100vh;
            margin: 0;
            background-color: #f0f0f0;
        };

        const myChart = new Chart(
            document.getElementById('myChart'),
            config
        );
    </script>
</body>
</html>
```

▶ 运行 HTML

第3步　单击代码区域右下角的 ▶运行HTML，DeepSeek 会弹出一个页面显示绘制好的图表。

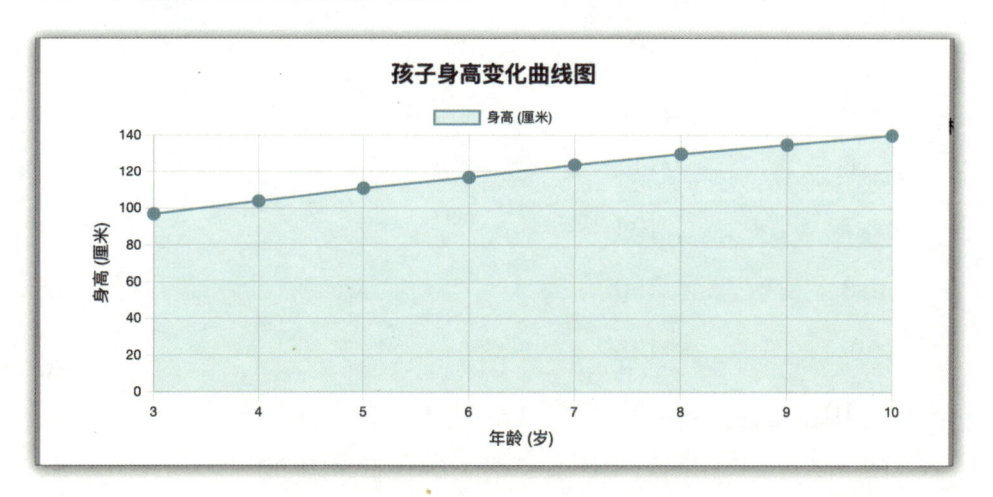

孩子身高变化曲线图

我们可以将曲线图改成其他形式的图表，例如柱状图、饼状图，或者更加复杂的旭日图、桑基图等。数据也可以根据自己的实际情况更换。

例2　利用DeepSeek生成各科成绩变化雷达图并保存下来。

第1步　准备好一份成绩数据。例如，以下表格是某同学从四年级到六年级的各科期末考试成绩。

年级	语文	数学	英语	体育	音乐	美术
四	97	99	94	100	99	100
五	91	96	98	100	100	99
六	94	98	100	100	99	100

第三章 未来实验室

第2步 将数据告诉 DeepSeek，让它生成雷达图。输入指令：生成各科成绩对比的雷达图，可视化效果要美观，用 HTML 格式，确保可运行。相关的数据如下：

年级	语文	数学	英语	体育	音乐	美术
四	97	99	94	100	99	100
五	91	96	98	100	100	99
六	94	98	100	100	99	100

DeepSeek 思考后，生成了可以运行的代码和说明。

> 要生成一个孩子成绩对比的雷达图，并使用HTML格式来展示，我们可以使用JavaScript库如Chart.js来创建雷达图。以下是一个完整的HTML示例，它包含了必要的代码来生成一个美观的雷达图，展示四年级到六年级的成绩对比。

```html
<!DOCTYPE html>
<html lang="en">
<head>
    <meta charset="UTF-8">
    <meta name="viewport" content="width=device-width, initial-scale=1.0">
    <title>学生成绩雷达图</title>
    <script src="https://cdn.jsdelivr.net/npm/chart.js"></script>
    <style>
        body {
            font-family: Arial, sans-serif;
            background-color: #f4f4f4;
            display: flex;
            justify-content: center;
            align-items: center;
            height: 100vh;
            margin: 0;
        }
        #radarChart {
            background-color: white;
            border-radius: 15px;
            box-shadow: 0 4px 8px rgba(0, 0, 0, 0.1);
            padding: 20px;
        }
    </style>
</head>
<body>
    <div style="width: 600px; height: 600px;">
        <canvas id="radarChart"></canvas>
    </div>
    <script>
        const data = {
            labels: ['语文', '数学', '英语', '体育', '音乐', '美术'],
            datasets: [
```

145

第 3 步　单击代码块右上角的 复制 ，将代码内容复制到剪贴板。在本地系统（以 Windows 系统为例）的一个文件夹中单击右键，创建一个新的文本文档。

第 4 步　将文件取名为"孩子成绩图 .txt"，并用"记事本"打开。

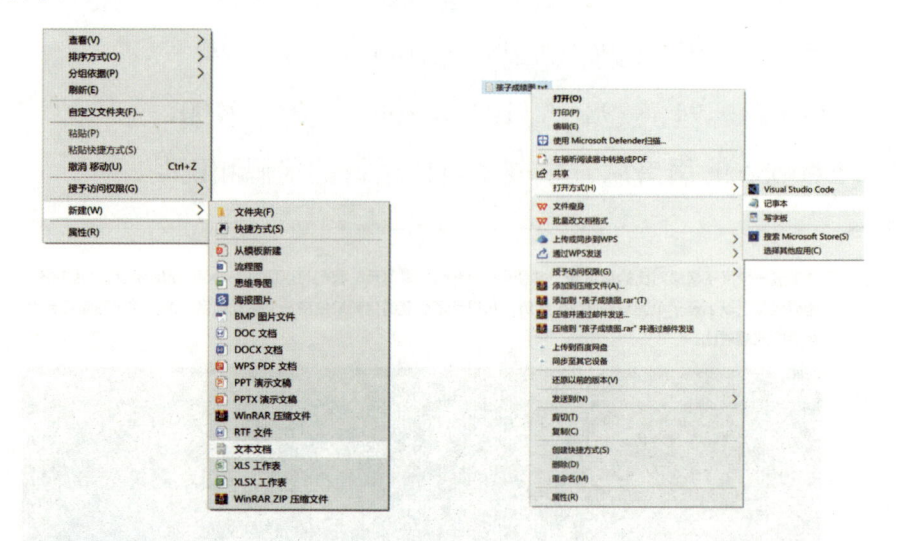

第 5 步　将之前复制的代码粘贴到文档中并保存。

第三章　未来实验室

第 6 步　修改"孩子成绩图.txt"的文件名,将扩展名".txt"改为".html",即"孩子成绩图.html"。

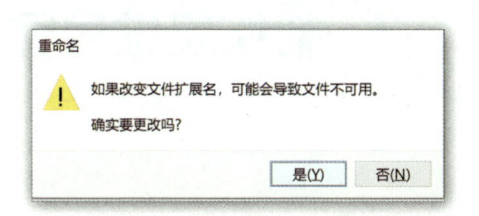

重命名
如果改变文件扩展名,可能会导致文件不可用。
确实要更改吗?
是(Y)　否(N)

/ 提醒 / 如果文件不显示扩展名,可同时按下键盘上的"Win+E"快捷键,打开文件资源管理器,在工具栏中打开"查看"选项,在"显示 / 隐藏"栏中勾选"文件扩展名",即可显示文件扩展名。(具体操作详见 39 页)

第 7 步　双击修改好的文件,就可以看到精美的成绩变化雷达图啦!

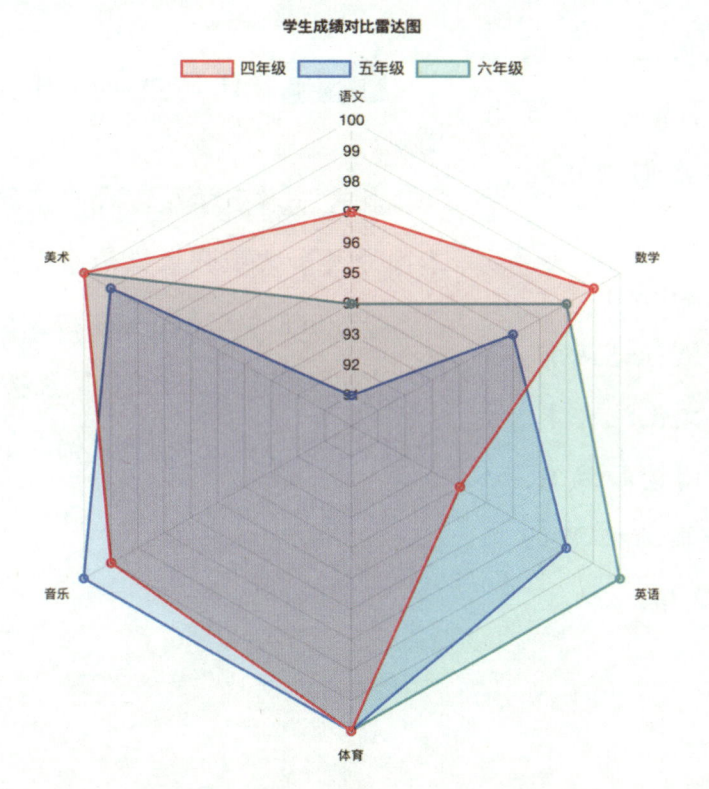

学生成绩对比雷达图

四年级　五年级　六年级

147

制作思维导图

随着所学知识的增多，我们的知识体系越来越复杂，用思维导图可以帮助我们理清知识体系和逻辑框架。利用 DeepSeek+Xmind，可以轻松制作各种各样的思维导图，一起来学习吧！

知识小链接

Xmind 是一款功能强大的思维导图和头脑风暴软件，可以帮助我们创建思维导图。

Markdown 是一种轻量级标记语言，用于格式化纯文本。它易于阅读和编写，并可转换为有效的 HTML 文档。

例 利用 DeepSeek+Xmind 生成动物分类思维导图。

第1步 在 DeepSeek 中输入如下指令：

> 我是一名小学生，我想了解动物的不同分类和典型代表，请帮我生成可以导入 Xmind 的 Markdown 格式文本。

经过思考，DeepSeek 就按照我们的指令生成了 Markdown 格式的内容。

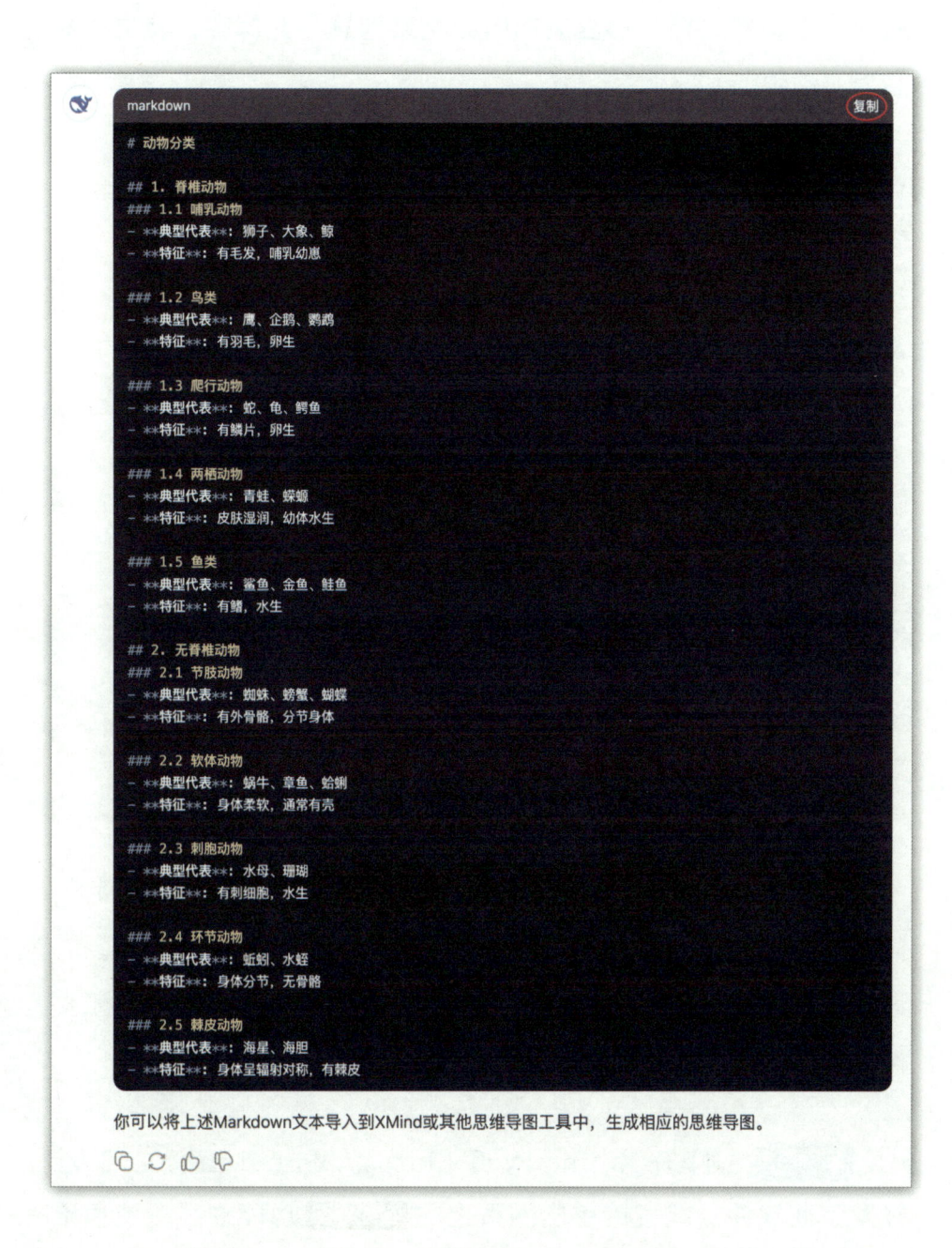

```markdown
# 动物分类

## 1. 脊椎动物
### 1.1 哺乳动物
- **典型代表**：狮子、大象、鲸
- **特征**：有毛发，哺乳幼崽

### 1.2 鸟类
- **典型代表**：鹰、企鹅、鹦鹉
- **特征**：有羽毛，卵生

### 1.3 爬行动物
- **典型代表**：蛇、龟、鳄鱼
- **特征**：有鳞片，卵生

### 1.4 两栖动物
- **典型代表**：青蛙、蝾螈
- **特征**：皮肤湿润，幼体水生

### 1.5 鱼类
- **典型代表**：鲨鱼、金鱼、鲑鱼
- **特征**：有鳍，水生

## 2. 无脊椎动物
### 2.1 节肢动物
- **典型代表**：蜘蛛、螃蟹、蝴蝶
- **特征**：有外骨骼，分节身体

### 2.2 软体动物
- **典型代表**：蜗牛、章鱼、蛤蜊
- **特征**：身体柔软，通常有壳

### 2.3 刺胞动物
- **典型代表**：水母、珊瑚
- **特征**：有刺细胞，水生

### 2.4 环节动物
- **典型代表**：蚯蚓、水蛭
- **特征**：身体分节，无骨骼

### 2.5 棘皮动物
- **典型代表**：海星、海胆
- **特征**：身体呈辐射对称，有棘皮
```

你可以将上述Markdown文本导入到XMind或其他思维导图工具中，生成相应的思维导图。

第2步　单击右上角的 复制 ，将生成的内容复制到剪贴板。新建一个文本文档，将复制的内容粘贴到其中并保存，将文档命名为"动物.txt"。

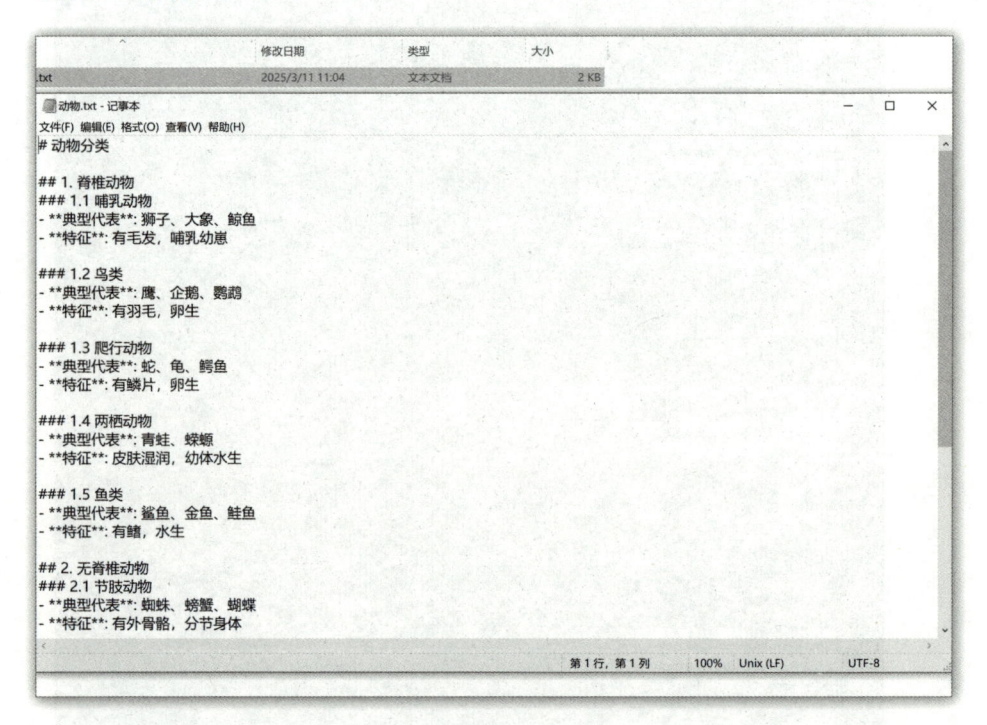

```
修改日期              类型          大小
.txt                  2025/3/11 11:04   文本文档       2 KB

动物.txt - 记事本
文件(F) 编辑(E) 格式(O) 查看(V) 帮助(H)
# 动物分类

## 1. 脊椎动物
### 1.1 哺乳动物
- **典型代表**: 狮子、大象、鲸鱼
- **特征**: 有毛发，哺乳幼崽

### 1.2 鸟类
- **典型代表**: 鹰、企鹅、鹦鹉
- **特征**: 有羽毛，卵生

### 1.3 爬行动物
- **典型代表**: 蛇、龟、鳄鱼
- **特征**: 有鳞片，卵生

### 1.4 两栖动物
- **典型代表**: 青蛙、蝾螈
- **特征**: 皮肤湿润，幼体水生

### 1.5 鱼类
- **典型代表**: 鲨鱼、金鱼、鲑鱼
- **特征**: 有鳍，水生

## 2. 无脊椎动物
### 2.1 节肢动物
- **典型代表**: 蜘蛛、螃蟹、蝴蝶
- **特征**: 有外骨骼，分节身体

                                  第1行，第1列   100%  Unix (LF)   UTF-8
```

第3步　将"动物.txt"的扩展名改为".md"，即"动物.md"。

/提醒/ 如果文件不显示扩展名，可同时按下键盘上的"Win+E"快捷键，打开文件资源管理器，在工具栏中打开"查看"选项，在"显示/隐藏"栏中勾选"文件扩展名"，即可显示文件扩展名。（具体操作详见39页）

第4步　打开 Xmind 网页（https://xmind.cn/），下载并安装此软件，或直接单击网页上的 在线导图 功能在线生成思维导图。

第三章 未来实验室

第 5 步 在线导图需要登录，登录成功后，单击"我的导图"，再单击 [新建导图] 创建一个新的思维导图。

第 6 步 此时，会出现一个默认的思维导图。单击左上角的 ≡ 图标，在出现的菜单中选择"导入文件"。

你好，AI：
给孩子的高效学习法

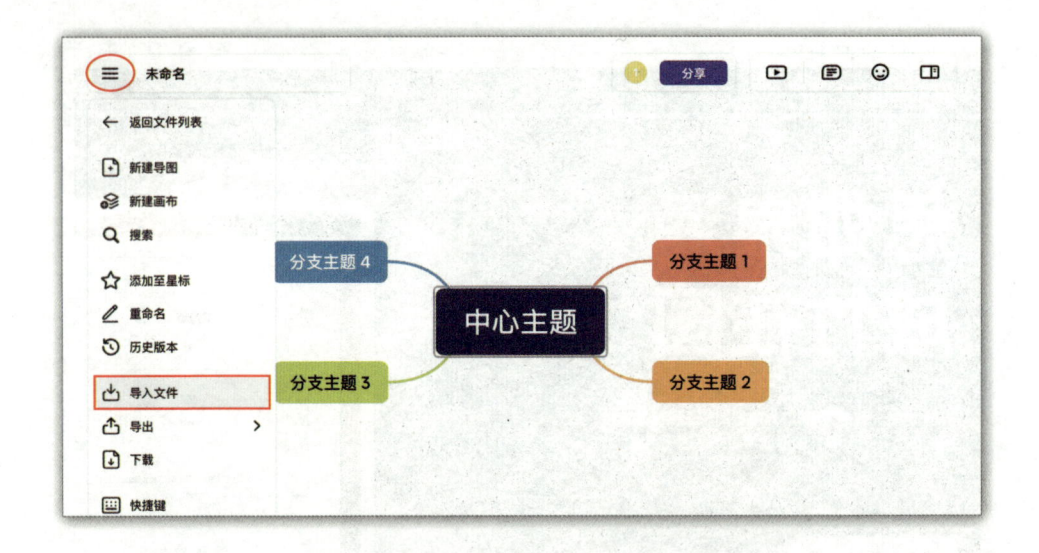

第7步　在"导入文件"界面，选择之前保存的"动物.md"文件并单击导入。

第8步　一个漂亮的可编辑的思维导图就生成了，你可以下载它，也可以对它进行编辑和分享。

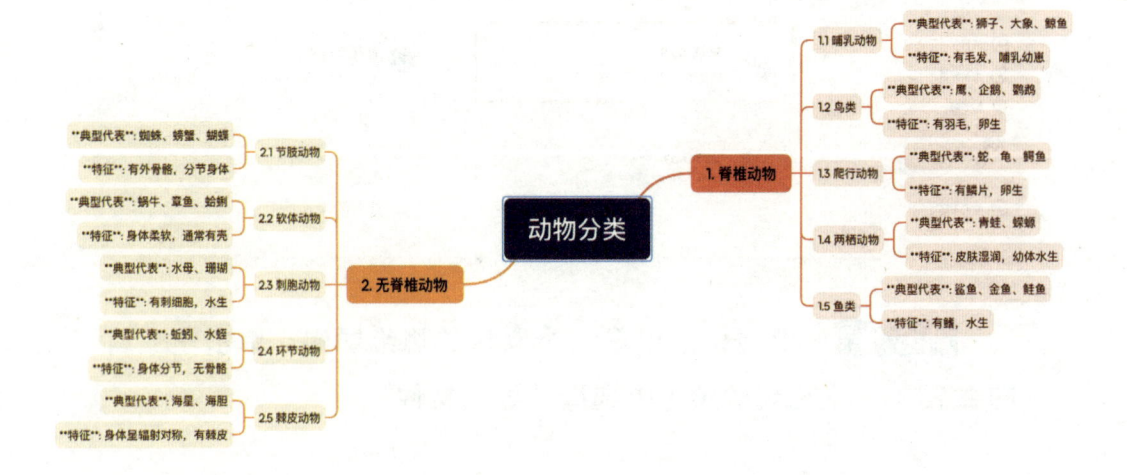

152

第三章 未来实验室

AI 快速制作炫酷海报

又到了学校一年一度的义卖活动，你一定希望自己"生意兴隆"吧！一张炫酷美观的海报能吸引不少人的目光。今天，我们就来学习如何用 ==DeepSeek+即梦 AI==，快速生成一张属于自己的炫酷海报。

> **例** 用 DeepSeek+即梦 AI 制作一幅义卖主题的宣传海报。

知识小链接

即梦 AI 是抖音旗下的一站式 AI 创作平台，通过人工智能技术降低创作门槛，为用户提供图像生成、视频创作及编辑等多样化功能。

第 1 步 在 DeepSeek 中，保持 【深度思考(R1)】【联网搜索】处于选中状态，输入以下指令：

我是 5 年级 4 班的一名学生，我们学校要组织一场爱心义卖活动，我准备的物品有 1 个汉诺塔玩具、2 个哪吒玩偶、1 本《三体》科幻小说，还有一些精美的徽章，请帮我生成一份符合即梦 AI 要求的海报中文提示词。

第 2 步 经过思考后，DeepSeek 给出了绘制海报的中文提示词。

153

> 以下是专为即梦AI设计的海报中文提示词，突出5年级4班义卖特色与童趣氛围：
>
> 【画面构图指令】
> 1. 主视觉：卡通风格校园场景，中央放置巨型爱心存钱罐，金币从罐口洒落成彩虹桥
> 2. 左侧悬浮层叠的汉诺塔玩具，金色圆环自带旋转光效，塔顶站立Q版哪吒玩偶
> 3. 右侧立体书造型展示《三体》封面，书本周围环绕星系徽章，每个徽章自带星云光效
> 4. 底部手绘课桌摆放：哪吒双人玩偶摆出功夫造型+徽章展示板（闪烁收集进度条特效）
>
> 【文字排版指令】
> 标题：「5.4星球爱心舰队」起航！
> 副标：益智汉诺塔/酷炫三体书/哪吒兄弟/星际徽章 超值兑换爱心能量
> 卖点气泡：
> · 挑战智慧王者（汉诺塔+三体套组）
> · 收集哪吒兄弟解锁隐藏剧情
> · 限量星系徽章每日随机掉落
>
> 【风格参数】
> 色彩：科幻蓝+中国红渐变，爱心使用半透明果冻质感
> 字体：标题采用太空陨石斑驳字，正文使用蜡笔手写体
> 动态效果：徽章自动旋转展示双面图案，书籍悬浮页自动翻动
>
> 【情感化提示】
> 在汉诺塔底部隐藏班级秘密祝福纸条彩蛋，营造寻宝氛围需要补充具体活动时间/地点时，建议在AI生成后添加至海报右下角火箭尾焰位置，保持画面灵活修改空间。

第3步 选中提示词并复制，再打开即梦 AI 网页，网址是 https://jimeng.jianying.com/。首次登录需要注册。

第三章 未来实验室

$\boxed{第4步}$ 登录之后，单击页面左侧的 图片生成 ，打开图片生成页面。在左上角的输入框中粘贴刚刚复制的提示词，在"比例"一栏选择"9∶16"。

$\boxed{第5步}$ 设置完成后，单击下方的 立即生成 ，如果提示"当前仅支持中文或英文描述，请修改后再试"，那么请检查输入的提示词，将其中的特殊符号、表情等删除或改为逗号，再次单击 立即生成 。

155

> **第 7 步** 精美的义卖海报完成了，你可以选择一张你喜欢的海报，保存后打印即可。

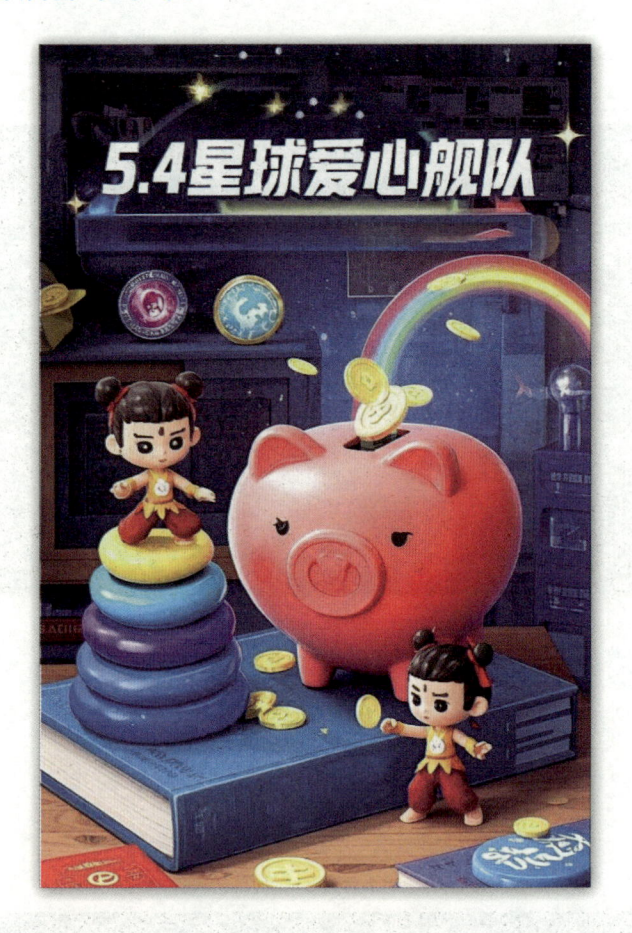

举一反三

如果你想生成其他海报，可以修改给 DeepSeek 下达的指令。比如将<mark>爱心义卖活动</mark>改为<mark>主题演讲</mark>，再描述海报的具体内容。你还可以根据自己的需要改变图片的精细度和尺寸。如果你对生成的图片不满意，可以调整海报的提示词，或者在生成的图片下方单击 ⟳ 按钮，即梦 AI 会为你再次生成新的海报供你选择。

第三章 未来实验室

AI 快速制作 PPT

班级要组织主题演讲，我们可以制作一个精美的 PPT 为演讲加分。要是放在以前，我们需要投入大量的时间和精力去查找资料、制作和美化 PPT。现在用 DeepSeek+Kimi，就可以快速生成炫酷的 PPT。

例 用 DeepSeek+Kimi 为题为《圆明园》的演讲制作一个 PPT。

第 1 步 打开 DeepSeek，输入以下指令：

我是一名小学生，要制作一个介绍圆明园的 PPT，请帮我以 Markdown 格式生成 PPT 大纲。

第 2 步 发送指令后，DeepSeek 很快就厘清了思路，按我们要求的 Markdown 格式生成了 PPT 的大纲。

知识小链接

Kimi 是一款由中国月之暗面科技有限公司开发的智能助手，它在 PPT 制作、论文写作等方面提供了便捷高效的工具。

Markdown 是一种轻量级标记语言，用于纯文本格式编写。它易于阅读和编写，并可转换为有效的 HTML 文档。

157

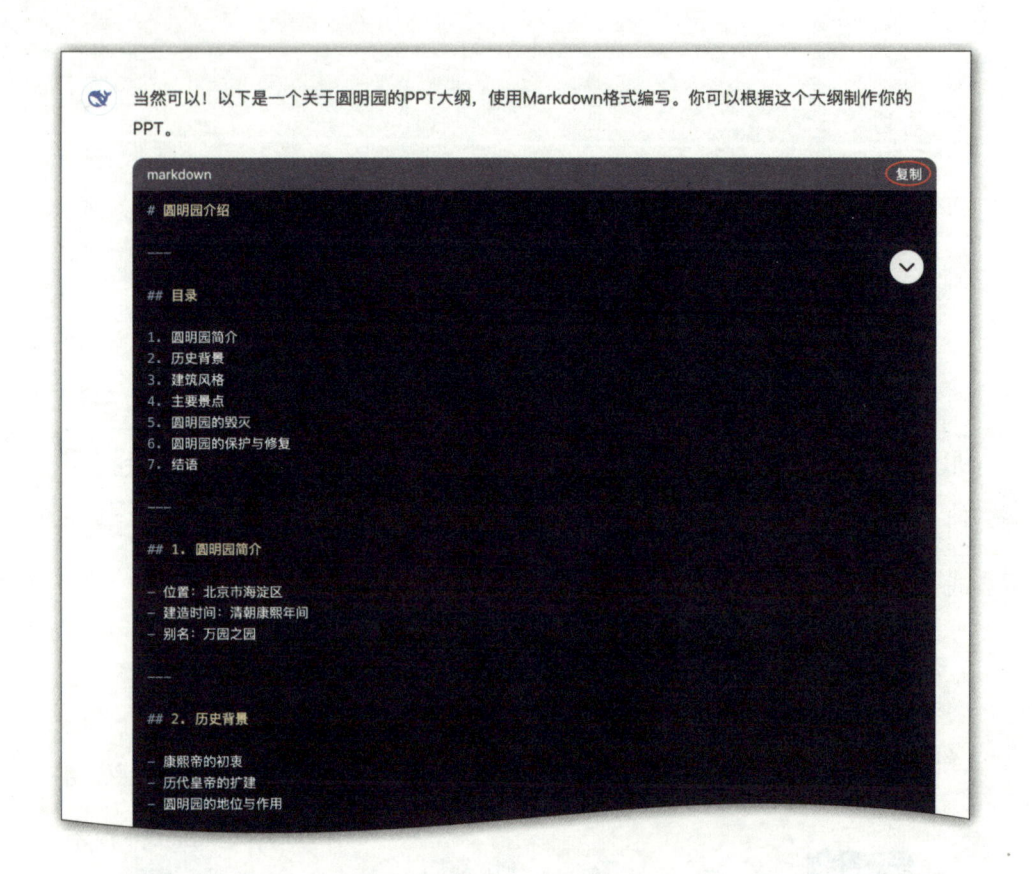

> 当然可以！以下是一个关于圆明园的PPT大纲，使用Markdown格式编写。你可以根据这个大纲制作你的PPT。

```markdown
# 圆明园介绍

---

## 目录
1. 圆明园简介
2. 历史背景
3. 建筑风格
4. 主要景点
5. 圆明园的毁灭
6. 圆明园的保护与修复
7. 结语

---

## 1. 圆明园简介

- 位置：北京市海淀区
- 建造时间：清朝康熙年间
- 别名：万园之园

## 2. 历史背景

- 康熙帝的初衷
- 历代皇帝的扩建
- 圆明园的地位与作用
```

第 3 步　单击黑色代码块右上角的 复制 ，将大纲内容复制到剪贴板。

第 4 步　登录 Kimi 网页，网址是 https://kimi.moonshot.cn/。

158

第三章 未来实验室

第 5 步 单击页面左侧的 ⚙，打开更多的助手页面，单击官方推荐里的 PPT 助手 Kimi + AiPPT = 一键生成PPT。

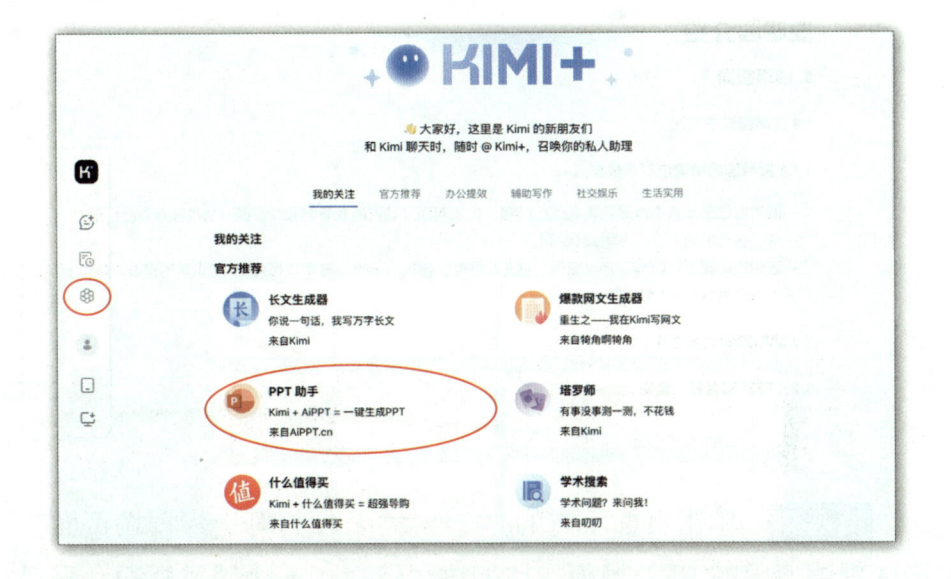

第 6 步 打开 PPT 助手页面，将之前复制的由 DeepSeek 生成的 PPT 大纲粘贴到输入框中，单击执行 ▶。

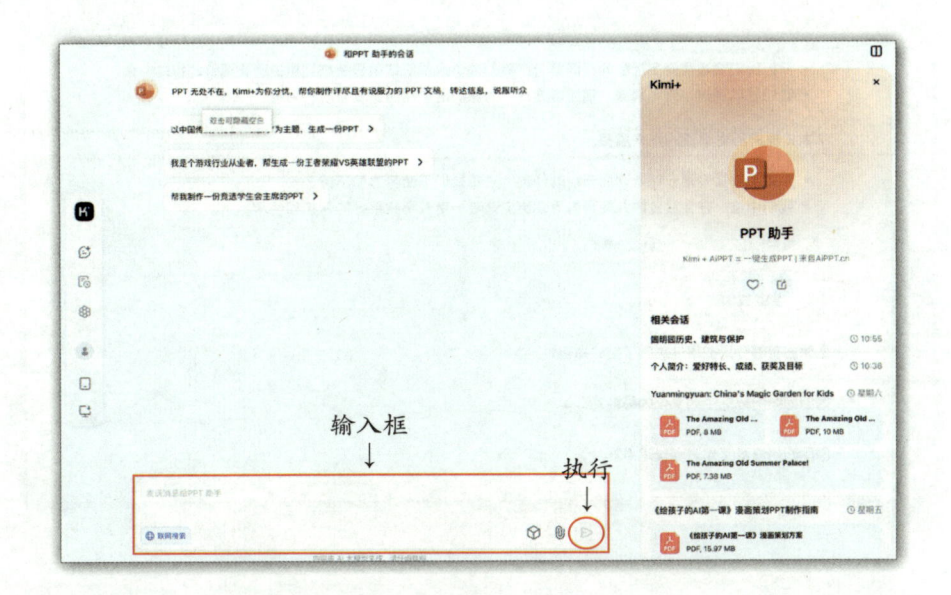

159

第7步 等待 Kimi 依据粘贴的 PPT 大纲填充内容并润色。

> **圆明园介绍**
>
> **1. 圆明园简介**
>
> **1.1 圆明园基本概况**
>
> **1.1.1 圆明园的地理位置与规模**
>
> - 圆明园位于北京市海淀区清华西路28号，由圆明园及其附园长春园和绮春园（后改称万春园）组成，通称圆明三园，占地350公顷。
> - 圆明园始建于1707年，历经康熙、雍正、乾隆、嘉庆、道光、咸丰六代皇帝150余年的营造，是中国古代皇家园林的杰出代表。
>
> **1.2 圆明园的命名由来**
>
> **1.2.1 圆明园名称的含义**

第8步 单击页面下方的 一键生成PPT ，打开选择模块页面，选择想要使用的 PPT 模板，比如这里选择了一个国风模板，再对"模板场景""设计风格""主题颜色"进行设置，完成后单击右上角的 生成PPT 。

> - 保护历史遗迹需要全社会的共同努力，我们每个人都应该积极参与到保护历史遗迹的行动中来。
> - 我们可以通过宣传、教育、捐赠等方式，为保护历史遗迹贡献自己的力量。
>
> **7.3.2 保护历史遗迹的未来展望**
>
> - 保护历史遗迹是一项长期而艰巨的任务，需要我们不断努力和坚持。
> - 我们相信，在全社会的共同努力下，历史遗迹一定会得到更好的保护和传承。
>
> 复制　再试一次　分享
>
> **一键生成PPT >**
>
> 圆明园有哪些历史事件影响了它的命运？
> 圆明园如何体现中西文化的融合？
> 圆明园的修复工作有哪些难点？

第三章 未来实验室

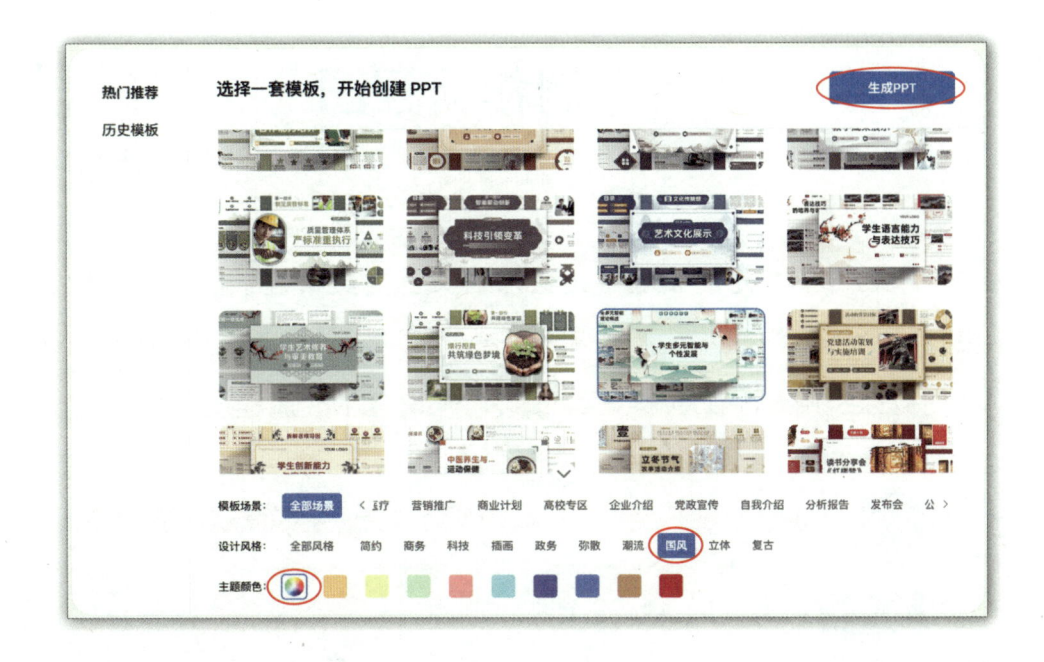

第 9 步 稍等一会儿，一个清新淡雅、国潮风格的介绍圆明园的 PPT 就创建好了，你可以继续对它的内容和细节进行修改。

161

AI 制作流程图

班级要举办元旦联欢会，老师给文艺委员布置了任务，要求设计一个详细的联欢会组织流程图。为了漂亮地完成这个任务，我们可以利用 ==DeepSeek+ProcessOn== 来快速生成流程图。

例 利用 DeepSeek+ProcessOn，快速生成联欢会流程图。

第1步 在 DeepSeek 中，保持 `深度思考(R1)` `联网搜索` 处于选中状态，输入指令：

> 我想做一个关于班级联欢会的详细的流程图，要用 Mermaid 格式输出。流程不用太复杂，要适合小学生，其中要设计一些游戏环节和应急备选方案。

第2步 经过思考后，DeepSeek 根据我们的要求生成了 Mermaid 格式的内容。

知识小链接

ProcessOn 是一个在线作图工具，支持流程图、思维导图、原型图、网络拓扑图等多种图形的绘制。

Mermaid 是一种基于文本的图表描述语言，允许用户通过简洁的代码生成流程图、序列图、甘特图等可视化图形，并支持与 Markdown 文档无缝集成。

以下是为小学生设计的班级联欢会流程图（含应急方案），采用模块化设计且时间节奏明快：

```
graph TD
    A[联欢会开始] --> B[开场欢迎词]
    B --> C[节目表演1]
    C --> D[集体游戏1: 抢椅子]
    D --> E[节目表演2]
    E --> F[互动游戏: 传话筒]
    F --> G[自由表演时间]
    G --> H[全班大合唱]
    H --> I[颁奖仪式]
    I --> J[合影留念]
    J --> K[清理场地]

    subgraph 准备工作
        a1[提前1周] --> a2[确定时间地点]
        a2 --> a3[班委分工: 主持组/道具组/装饰组]
        a3 --> a4[收集节目单]
        a4 --> a5[采购物资: 装饰品/奖品/零食]
    end

    subgraph 应急方案
        e1[设备故障] --> e1-1[启用备用音响]
        e2[秩序混乱] --> e2-1[启动备用集体游戏]
        e3[突发伤病] --> e3-1[校医急救处理]
        style e3 fill:#ffcccc
    end

    classDef green fill:#d6f5d6,stroke:#333;
    classDef yellow fill:#ffffcc,stroke:#333;
    class A,B,C,D,E,F,G,H,I,J,K green
    class a1,a2,a3,a4,a5,e1,e2,e3 yellow
```

流程说明：

1. **时间节奏**：总时长建议90分钟（15:00-16:30）
   - 每个表演/游戏环节5-8分钟
   - 自由表演采用举手抢麦制
   - 颁奖设置"最佳表演奖""最嗨玩家奖"等趣味奖项

2. **游戏设计**：
   - 抢椅子：用课桌围圈播放《兔子舞》
   - 传话筒：传递搞笑口令如"班主任今天戴假发"
   - 备用游戏：水果蹲、猜谜语（准备题库）

3. **应急物资**：
   - 医药包（创可贴/碘伏）
   - 备用电池/小蜜蜂扩音器
   - 备用游戏道具包（气球/谜语卡）

4. **安全措施**：
   - 提前检查场地障碍物
   - 安排2名家长志愿者协助
   - 游戏区与观众区用彩色胶带分区

第3步　单击 Mermaid 代码块右上角的 复制 ，将内容复制到剪贴板。

第4步　打开 ProcessOn 网页，网址是 https://www.processon.com/，单击 免费使用 。

第5步　登录账号后，进入工作空间，单击左上角的 +新建 。

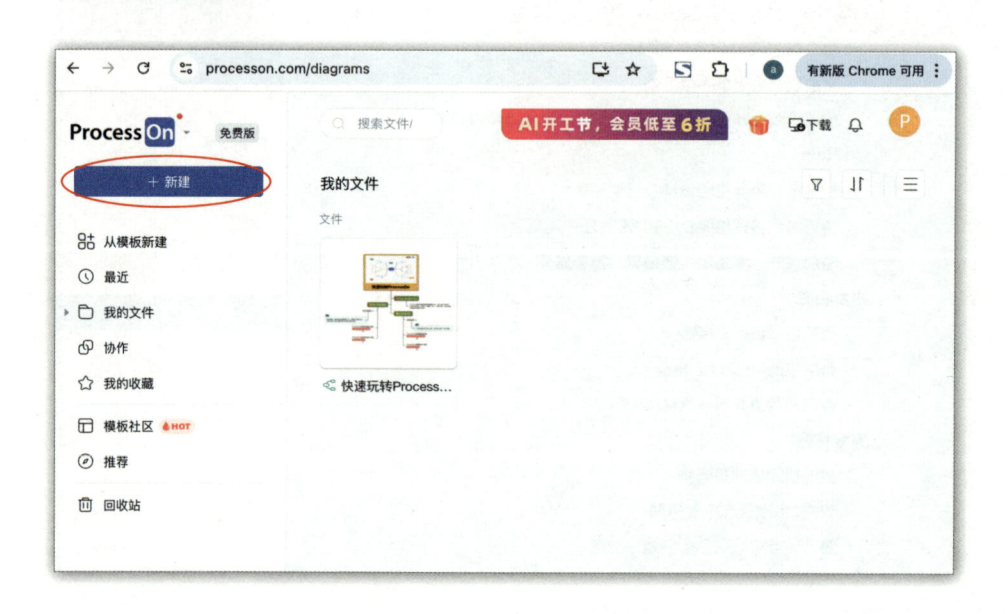

第三章 未来实验室

第 6 步　单击页面下方的 ![导入]。

第 7 步　在"文件导入"界面，切换到 Mermaid 选项卡，将之前复制的由 DeepSeek 生成的 Mermaid 代码粘贴进来。

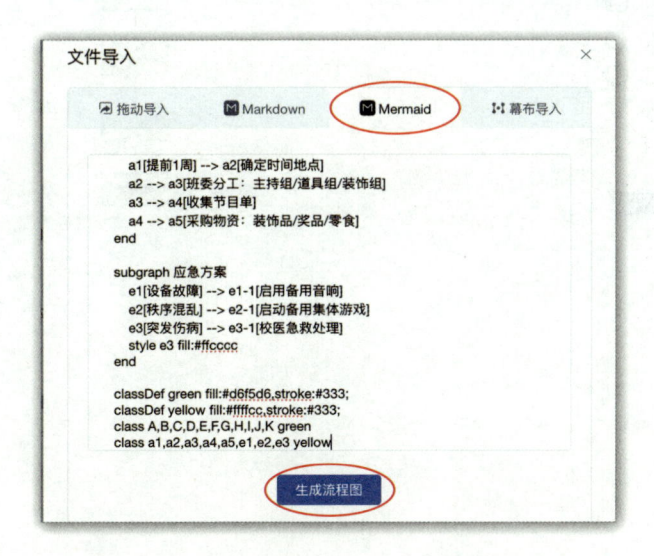

第 8 步　单击 生成流程图 ，一个简单的联欢会流程图就生成了。既有主流程，又有应急预案，还有筹备流程，是不是很全面呀？你还可以用左侧的工具栏对它进行各种修改和设置，让它更符合你的要求。

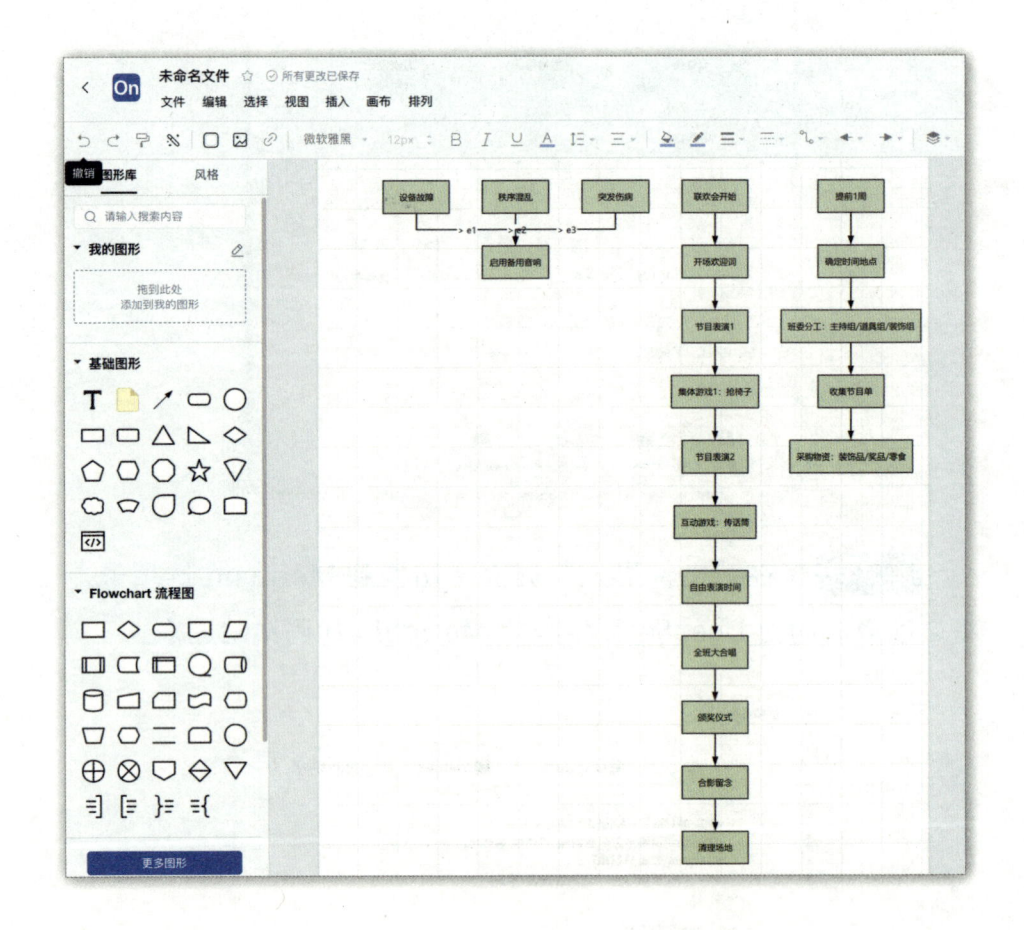

AI 自制实用小工具

人和其他动物相比，最大的优势在于人会制造和使用工具。现在，我们可以在 DeepSeek 的帮助下，化身"软件高手"，利用编程思维，创造一个个有趣又实用的网页小工具。

例1 用 DeepSeek 编程，生成一个简单的计算器。

第1步 在 DeepSeek 中输入指令：

我想生成一个简单的计算器，具有一般计算器的所有功能，布局合理，界面美观，请帮我生成 HTML 代码。

第2步 计算器的代码不算难，DeepSeek 很快就生成了代码。

> 当然！以下是一个简单的计算器的HTML代码，包含基本的计算功能，并且布局合理、界面美观。你可以根据需要进一步调整样式和功能。

```html
<!DOCTYPE html>
<html lang="zh-CN">
<head>
    <meta charset="UTF-8">
    <meta name="viewport" content="width=device-width, initial-scale=1.0">
    <title>简单计算器</title>
    <style>
        body {
            display: flex;
            justify-content: center;
            align-items: center;
            height: 100vh;
            background-color: #f4f4f4;
            font-family: Arial, sans-serif;
        }
        .calculator {
```

```
function clearDisplay() {
    currentInput = '';
    operator = null;
    previousInput = '';
    updateDisplay();
}

function updateDisplay() {
    display.innerText = currentInput || '0';
}
</script>

</body>
</html>
```

▶ 运行 HTML

第3步 单击代码块右下角的 ▶ 运行 HTML，直接运行代码，一个精美的计算器窗口就出现了。赶紧测试一下它的功能吧！

> **举一反三**
>
> 在制作 HTML 小工具时，对 DeepSeek 讲清楚你对界面、功能以及一些细节的要求，可以生成相应的代码，做出你专属的个性化小工具。

第三章 未来实验室

例2 用 DeepSeek 编程生成代码，制作一个计时小工具。

第1步 在 DeepSeek 中输入指令：

我想制作一个计时小工具，请帮我生成完整的 HTML 代码，要求包含正计时和倒计时功能，时间要精确到 0.1 秒，布局要合理，界面要美观大方。

第2步 很快，DeepSeek 便生成了计时小工具的代码。

以下是一个简单的HTML代码示例，包含正计时和倒计时功能。界面分为两部分，上面是正计时，下面是倒计时，时间精确到0.1秒。布局合理，界面简洁美观。

```html
<!DOCTYPE html>
<html lang="zh-CN">
<head>
    <meta charset="UTF-8">
    <meta name="viewport" content="width=device-width, initial-scale=1.0">
    <title>计时小工具</title>
    <style>
        body {
            font-family: Arial, sans-serif;
            display: flex;
            flex-direction: column;
            align-items: center;
            justify-content: center;
            height: 100vh;
            margin: 0;
            background-color: #f0f0f0;
```

```
            clearInterval(countdownInterval);
            countdownInterval = null;
        }

        function resetCountdown() {
            stopCountdown();
            countdownTime = 0;
            updateCountdownDisplay();
        }

        function updateCountdownDisplay() {
            const hours = Math.floor(countdownTime / 3600);
            const minutes = Math.floor((countdownTime % 3600) / 60);
            const seconds = countdownTime % 60;
            document.getElementById('countdown').textContent =
                `${String(hours).padStart(2, '0')}:${String(minutes).padStart(2, '0')}:${String(seconds).padStart(2, '0')}`;
        }
    </script>
</body>
</html>
```

▶ 运行 HTML

第3步　单击代码块右下角的 ▶运行 HTML，直接运行代码，打开计时小工具的窗口。快快试用一下，设置一个 30 分钟倒计时来提高自己的学习效率吧！

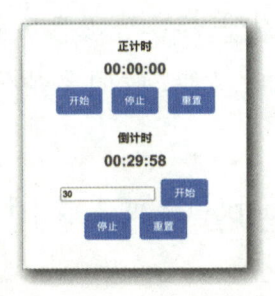

```
正计时
00:00:00
开始  停止  重置

倒计时
00:29:58
30     开始
停止  重置
```

例3　用 DeepSeek 生成代码，制作一个简单的绘画板。

第1步　保持 深度思考(R1) 处于选中状态，在 DeepSeek 中输入指令：

我想制作一个简单的小画板，请帮我生成完整的 HTML 代码。要求可以直接绘制矩形、圆形、直线等常见图形，也可以自由绘制，还可以改变画笔的粗细、颜色。画布不用太大，不要出现滚动条。

第2步　得到指令后，经过思考，DeepSeek 生成了绘画板的代码。

以下是一个简单画板的完整HTML代码，包含您要求的所有功能：

```html
<!DOCTYPE html>
<html>
<head>
    <title>简单小画板</title>
    <style>
        body {
            margin: 0;
            padding: 20px;
            display: flex;
            flex-direction: column;
            align-items: center;
            background-color: #f0f0f0;
        }
```

```
        }
    }
    function stopDrawing() {
        isDrawing = false;
        if(currentTool !== 'free') {
            ctx.beginPath();
        }
    }

    // 临时保存画布状态用于形状预览
    let savedCanvas;
    function redrawCanvas() {
        if(!savedCanvas) {
            savedCanvas = ctx.getImageData(0, 0, canvas.width, canvas.height);
        }
        ctx.putImageData(savedCanvas, 0, 0);
    }

    // 初始化
    ctx.fillStyle = 'white';
    ctx.fillRect(0, 0, canvas.width, canvas.height);
</script>
</body>
</html>
```

▶ 运行 HTML

第 3 步 单击代码块右下角的 ▶ 运行 HTML，直接运行代码，打开小画板窗口，现在，你就可以在自己开发的"小画板"上自由创作了！

171

你好，AI：
给孩子的高效学习法

AI生成图：AI小画家

172

AI 幻觉

即使是 DeepSeek 这样的人工智能软件也并不是十全十美的，由于数据的不完全、不准确，模型推理的限制以及一些常识的缺乏，人工智能在生成文章或回答问题时，可能会编造事实、捏造引用或提供错误的信息，这些内容表面上看起来很可信，但经过验证后却发现是错误的，这便是 AI 幻觉。而我们要做的，就是要警惕和小心这些信息，要有自己的想法和判断，不能完全或过分依赖 AI。

例1 林黛玉为什么要倒拔垂杨柳？

在 DeepSeek 中输入指令：

林黛玉为什么要倒拔垂杨柳？

谁能想到，这个令人啼笑皆非的问题却让 DeepSeek 吃了瘪。我们知道倒拔垂杨柳的主人公是鲁智深，但这里，DeepSeek 却顺着我们的问题一本正经地胡说八道起来了。

> 林黛玉倒拔垂杨柳的情节出自《红楼梦》第九十七回，这是林黛玉在得知贾宝玉与薛宝钗即将成婚的消息后，因极度悲伤和绝望而做出的一种象征性行为。这一情节具有深刻的象征意义，反映了林黛玉内心的痛苦和对命运的无奈。

> **具体背景与象征意义：**
>
> 1. **情感崩溃**：林黛玉一直深爱贾宝玉，但她的爱情注定无法实现。当她得知贾宝玉将与薛宝钗成婚时，内心彻底崩溃。拔柳树的行为象征着她对命运的绝望和反抗。
> 2. **垂杨柳的象征**：柳树在传统文化中常被用来象征离别和悲伤。林黛玉倒拔垂杨柳，既是对自己命运的控诉，也是对贾宝玉的无言告别。
> 3. **自我毁灭的隐喻**：林黛玉的身体本就虚弱，这一行为进一步加剧了她的病情，象征着她对生命的放弃和自我毁灭的倾向。
> 4. **对封建礼教的反抗**：林黛玉的爱情悲剧是封建礼教压迫的结果。她的行为隐含着对封建婚姻制度的不满和反抗，尽管这种反抗是无声且无力的。
>
> **总结：**
>
> 林黛玉倒拔垂杨柳是她内心极度痛苦的外在表现，象征着她对爱情的绝望、对命运的反抗以及对生命的放弃。这一情节深刻揭示了《红楼梦》中人物的悲剧命运和封建社会的残酷现实。

例2　哪个数更小？

在 DeepSeek 中输入指令：

200.3 比 200.11 小多少？

首先，我们知道 200.3 是比 200.11 大的，如果问 200.3 比 200.11 小多少，那结果一定是负数。但 DeepSeek 给出了它的回答，计算的过程似乎没有问题，但结论却是 200.3 比 200.11 小 0.19。真是让人啼笑皆非。

> 要计算 200.3 比 200.11 小多少，可以按照以下步骤进行：
>
> 1. 将两数对齐小数位数：
>
> $$200.30 - 200.11$$
>
> 2. 逐位相减：
>
> $$\begin{array}{r} 200.30 \\ -\,200.11 \\ \hline 0.19 \end{array}$$
>
> 3. 得出结论：
>
>   200.3 比 200.11 小 **0.19**。
>
> 最终答案为：
>
> $$\boxed{0.19}$$

例3 数一数英文单词里的字母。

在 DeepSeek 中输入指令：

strawberry 里有几个字母"r"？

睁大眼睛数一数，一共有 3 个"r"，但为什么 DeepSeek 却认为只有 2 个"r"呢？

> 单词 "strawberry"里有两个字母"r"。

值得注意的是，DeepSeek 也会时而"糊涂"，时而"清醒"，同样的问题，换个时间，或者换一个对话，答案可能就不一样了。再问一遍"strawberry 里有几个字母'r'？"。

第一步：理解问题

首先，我需要明确问题的含义。题目问的是"strawberry"这个单词中有几个字母"r"。也就是说，我需要数一数这个单词中出现了多少次字母"r"。

第二步：检查单词拼写

在开始数之前，我注意到"strawberry"这个单词的拼写。正确的拼写是"strawberry"，但有时候人们可能会拼错。为了确保准确性，我决定确认一下这个单词的正确拼写。

经过查证，正确的拼写确实是"strawberry"，意思是"草莓"。

第三步：分解单词

接下来，我将"strawberry"这个单词分解成单个字母，以便更清楚地看到每个字母的位置和出现次数。

"strawberry"分解为：s、t、r、a、w、b、e、r、r、y。

第四步：逐个检查字母

现在，我将逐个检查这些字母，看看有多少个是"r"。

1. 第一个字母是 s —— 不是"r"。
2. 第二个字母是 t —— 不是"r"。
3. 第三个字母是 r —— 是"r"，计数器加一。

第三章 未来实验室

175

第四步：逐个检查字母

现在，我将逐个检查这些字母，看看有多少个是"r"。

1. 第一个字母是 s —— 不是"r"。
2. 第二个字母是 t —— 不是"r"。
3. 第三个字母是 r —— 是"r"，计数器加一。
4. 第四个字母是 a —— 不是"r"。
5. 第五个字母是 w —— 不是"r"。
6. 第六个字母是 b —— 不是"r"。
7. 第七个字母是 e —— 不是"r"。
8. 第八个字母是 r —— 是"r"，计数器加一。
9. 第九个字母是 r —— 是"r"，计数器加一。
10. 第十个字母是 y —— 不是"r"。

第五步：总计"r"的数量

根据上面的检查，我发现"r"出现了三次。具体位置在第三、第八和第九个字母。

第六步：验证结果

为了确保我的计算正确，我决定再重复一遍这个过程。

再次分解单词："s、t、r、a、w、b、e、r、r、y"。

检查每个字母：

1. s —— 不是
2. t —— 不是
3. r —— 是（1）
4. a —— 不是
5. w —— 不是
6. b —— 不是
7. e —— 不是
8. r —— 是（2）
9. r —— 是（3）
10. y —— 不是

确认后，结果一致，"r"出现了三次。

> **第七步：考虑可能的错误**
>
> 在确认过程中，我思考是否有其他可能性会导致结果不同。例如：
>
> - **拼写错误**：如果单词拼写错误，可能会影响结果。但经过确认，"strawberry"是正确的拼写。
> - **大小写问题**：题目中没有提到大小写，但在这个例子中，所有字母都是小写，不影响结果。
> - **重复计数**：确保每个"r"都被正确计数，没有遗漏或重复。
>
> 经过这些考虑，我认为我的计算是准确的。
>
> **第八步：总结**
>
> 通过以上步骤，我确定"strawberry"这个单词中有三个字母"r"。这个过程帮助我更好地理解了如何系统地解决类似的问题，也提高了我的注意力和细致程度。
>
> **最终答案**
>
> "strawberry"这个单词中有 3 个字母"r"。

这些例证告诉我们，AI 也会出现幻觉，生成不准确、虚构或者有误导性的内容，所以我们不能过度依赖人工智能的输出，也不能完全信任人工智能，让它代替我们来做决策。

那么我们应该如何面对 AI 幻觉呢？笔者这里给出以下几点建议：

一是==保持批判性思维==。不能因为有了 AI，我们就停止了学习，相反，我们更应该多角度地看问题，将 AI 输出作为一种"参考"而不是"权威结论"，尤其是涉及医疗健康、法律、金融等关键问题时，还需要多多咨询专业人士的建议。

二是==交叉验证信息==。通过权威来源核实 AI 提供的数据或事实，比如说，学术论文、政府网站、专业机构等等，因为权威机构的信息更加具有可信度。

三是明确提问边界。在向 AI 提问时加上限定条件（如时间、领域、数据来源），可以减少 AI "编造"空间。比如说，提示"讲讲五年来人工智能发展的成果"，这里就增加了"五年"这个时间限定条件。还有个办法是通过预设指令限制 AI 的"自由发挥"，比如说，发指令时可以这样说："你是一名严谨的助手，如果不确定答案，需明确声明'此信息未经核实'。"

所以说，在使用 AI 时，我们应该保持警惕，对有疑问的内容，选择更多地去查询数据和资料，用不同的模型进行对比、审核，用批判性思维去思考信息的来源、时效性等问题。只有这样，我们才能更好地发挥 AI 的潜力，为人类社会创造更大的价值。

AI 生成图：未来教室

DeepSeek+最强搭档

工具组合	优势	应用场景
DeepSeek+Kimi（PPT助手）	在文档处理与制作方面具有显著优势的工具组合	1. 快速生成演讲脚本 2. 快速生成PPT大纲及内容，自动排版设计
DeepSeek+豆包	易用的图片、文字创作工具组合	1. 图片生成，实现想法与创新的具象化 2. 快速文案生成
DeepSeek+Napkin.AI	美观、高效的视觉化工具组合	1. 快速生成高颜值图表或逻辑图、结构图 2. 文字转图表 3. PPT插图制作
DeepSeek+Xmind	快捷高效的思维导图和头脑风暴工具组合	1. 实现内容的结构化提炼与分析 2. 快速整理与生成思维导图 3. 读书笔记的知识点关联与归纳
DeepSeek+desmos	强大的几何、函数可视化与学习工具组合	1. 公式、函数等快速检索与动态交互 2. 几何绘图 3. 物理实验模拟 4. 教育与可视化演示
DeepSeek+即梦AI	强大的插图、海报、视频视觉创作工具组合	1. 专业的图片与视频生成创作 2. 精准AI绘画，快速生成海报、插图、产品图等

续表

工具组合	优势	应用场景
DeepSeek+ProcessOn/draw.io	专业强大的流程图创作组合	1. 快速制定与梳理流程 2. 快速生成多种风格的流程与结构图 3. 快速设计思维导图
DeepSeek+HTML	轻量、快捷的应用制作与可视化工具组合	1. 快速生成各种应用与工具、数据及图表可视化页面 2. 小游戏与小工具开发 3. 快速搭建数据及图表看板
DeepSeek+Python	提供更加强大的编程与实用化工具	1. 数据处理分析与展示 2. 文档、邮件脚本处理
DeepSeek+剪映	视频创作与快速生成工具	1. 快速生成视频文案 2. 快速图文生片 3. 创意短视频创作
DeepSeek+Notion	知识库搭建与整理工具	1. 知识采集、分析与整理 2. 自动分类标签 3. 快速搭建个人智能知识库
DeepSeek+Tripo	一键生成三维模型与场景	1. 根据文本或图片自动生成 3D 模型 2. 个人 3D 头像、3D 手办模型制作
DeepSeek+飞书妙记	强大的会议、课程记录工具	1. 音频转换与整理 2. 内容总结与结构分析